怒放也是大夢

花開幾度朝陽

夏來千朵滿池塘　看取船頭案上

雨驟長觀葉少　月明多列前堂

揮毫誰肯寫榮光　幾個欣然仰望

調寄西江月　紅蓮　癸卯春　鍾永聖

钟永圣
国学大讲堂

中庸通解

钟永圣 ◎ 著

新华出版社

图书在版编目（CIP）数据

中庸通解 / 钟永圣著 . -- 北京：新华出版社，
2024. 10. --ISBN 978-7-5166-7670-7

Ⅰ . B222.15

中国国家版本馆 CIP 数据核字第 20249EU167 号

中庸通解

作者：钟永圣
出版发行：新华出版社有限责任公司
（北京市石景山区京原路 8 号　邮编：100040）
印刷：河北鑫兆源印刷有限公司

成品尺寸：170mm×240mm 1/16	印张：14.5	字数：161 千字
版次：2025 年 1 月第 1 版	印次：2025 年 3 月第 2 次印刷	
书号：ISBN 978-7-5166-7670-7	定价：78.00 元	

微店

视频号小店

抖店

京东旗舰店

扫码添加专属客服

微信公众号

喜马拉雅

小红书

淘宝旗舰店

序　言

永圣贤契新书《中庸通解》出版，我非常高兴！因为《中庸》这本书，是中国传统文化中的一部非常重要的书。虽然它文字只有3000多字，但它把中国的传统文化中的一个核心的理念和做人做事的道理，都讲得非常透彻。

《中庸》这个书名，就突出了一个"中"字。"中"字相传是中国历代传承的一个核心理念，据说尧传给舜的时候就四个字，"允执厥中"，就是告诉舜要把握住这个"中"。舜传给禹的时候就变成十六个字："道心惟微，人心惟危，惟精惟一，允执厥中"，但重点还是在最后"允执厥中"这四个字。

为什么"中"是一个非常重要的理念呢？《中庸》里面特别讲到，"中庸之为德，至矣"。中庸作为一种品德，它是最高的一种品德；"民鲜能久矣"，是说老百姓中间很少有人能够做到中庸，很难，很久没有人做到了。所以《中庸》里面首先提倡的就是，要做什么事情都要把握一个"中"。"中"是什么意思呢？就是一个度，实际上就是一个度，把握这个度是很不容易的，人们做人做事很难做得恰当。所以《中庸》里边提出来，"中也者，天下之大本也"，"中"这个字表达的意境是天下之大本，是根本。

《中庸》接着还讲，"和也者，天下之达道也"。万物的生长多靠中庸，所以中庸是一个处理事情、做人做事的最根本的原则。过犹不及，很多的事情正因为过了，才产生了一个弊病，才走向反面。很多"好心办坏事"的情形就是因为做过了，所以把握中庸这个"度"很重要。

后来，有人解释中庸的意思，其实是一种误解，认为中庸就是"调和"、"折中"，不是这样，中庸就是要把握分寸，把握度。道家有一位著名的道士叫张道陵，他就讲，现在大道，依中国理义就一个字，就是"中"。致中就是《中庸》里边提出来的，"致中和，天地位焉，万物育焉"，道也守中，就《道德经》里面讲的，"多言数穷，不如守中"。佛教重点讲"空"，但这"空"还不能离开假名，所以才要讲"中"。因此，"中"是中国文化儒、释、道三教一个核心的理念，这个在《中庸》这部书里边，又讲得很突出，很明显。

中庸这个标准，也不是一个绝对化的标准。所以《易经》里面有特别强调"时中"，要看这个标准，这个分寸，在什么样的环境下面，针对什么事情来讲的，在不同的时间，不同的对象上面，中的标准是变化的。这也正是中国中医里面所表现出来的一个特征，一切因时、因地、因人而异，这就是中国文化的重要的一个标准。不是说这个标准是一个普遍一致的，不变的，不是，要看我们对象时空来变化"致中"。

《中庸》里边，我觉得第一我们要注意的就是这个标题的内容。那么《中庸》里边还强调一个非常重要的，做人的品德，是什么呢？诚，诚就是中国文化中的最重要的一个做人的标准。先秦的荀子曾经讲过，"君子养心，莫善于诚，致诚则无它事矣"，做到致诚了就没有别的问题了。所以诚是一个核心，虽然《中庸》只有3000多字，但有大量的篇幅讲到诚，这也是《中庸》正文的一个原则。

宋代的朱熹也曾经讲过一句话，他说为人处事诚敬二字，一个诚一个敬。那么诚是从哪来的呢？是人们从天道中学来的。《周易》里面有个卦叫观卦，观卦里面就讲，"观天之神道而四时不忒"，四时不忒就是说没有差错，一年四季不会有差错，去年是春夏秋冬，今年还是春夏秋冬，明年我们还可以预料到，也还是春夏秋冬，那只有这样才能春生夏长秋收冬藏。如果今年春夏秋冬，明年变成夏春秋冬了，那万物就不能生长了，后年又变了。所以天道是一贯的，坚持四时不忒，这就是诚。《中庸》里边也把这个话概括出来了，"诚者，天之道；诚之者，人之道"。诚是天道，按照诚这样去做就是人道。《孟子》里面也曾经讲过这个话，"诚者，天之道，思诚者，人之道"，那按照诚去做就是人道。诚信诚实是做人的最根本的品德，这也是在《中庸》里边反复强调的一个概念。《中庸》里边教会了我们，怎么样做人的根本道理。

《中庸》里面还提到一个重要的概念，"三达德"，三个人们所应该都具备的品德。哪三达呢？就是德，智、仁、勇。书中也有明确的说明，"好学近乎知"，要好学；"力行近乎仁"，要努力去践行，近乎仁；"知耻近乎勇"，这个勇不是勇敢，而是你能够认识自己的问题，看清自己，做错了就要有知耻。有了羞耻心才会有底线，才会去改正，所以这个知耻是非常重要的。智、仁、勇三达德，就是做人必须具备的三个根本品德。

《中庸》里面告诉我们很多做人的道理，做事的道理，要把握

"中"，把握"中道"，把握分寸；做人要讲诚信；要具备智、仁、勇三达德。《中庸》里边还有其他很多内容，怎么样做人做事的道理。我觉得读这本书，可以让我们了解我们传统文化，了解传统文化的根本精神和根本观念，都非常有意义。所以，我希望永圣贤契《中庸通解》这本书，能够广泛地发行，让大家更好地去了解中国传统文化的一个核心的理念，做人之道，为人之道。

楼宇烈

君子时中皆妙用

——《中庸通解》自序

《中庸》和《大学》一样，都被认为是孔门心法的精妙阐述。但是《大学》的三纲八目，以及知、止、定、静、安、虑、得的修养七次第，相对容易理解和践行，而《中庸》的境界和妙用往往被错解和误会。对其中的关键之处，纵然是诚意正心的饱学之士，也难免疑惑。我还记得和中共中央党校任登第老教授在大连第一次见面时，老人家就问："请问天命之谓性怎么理解？"

因为任老当时快九十岁了，居然如此诚恳地"不耻下问"，请教态度之真诚和所提问题之经典，都让我很是诧异。从那时起，我就不断地思考一件事：是什么原因导致以中文为母语的同胞不容易理解中华优秀传统文化经典？

经过十几年的观察和印证，我得出的初步结论是：过于强调分科的碎片化教育方式和排除了人的活的因素参与的知识体系，导致了人们只能掌握纸面上的知识概念，除了徒增记忆知识的负担，也往往不能进入天人合一的文化妙用当中。

中国文化是高度"早熟"的文化，中华文明是高度智慧的文明，她从伏羲画卦开辟《易经》传统的时候，就具备了天人合一、知行合一的圆融境界，要想体会这种文化的境界，得到应用这种文明的益处，就必须做到人经合一。透过纸面上的概念，穿过文字本身的障碍，体会到历代圣贤所经历过的真实的觉悟生命的状态，才能真正进入中华优秀传统文化的传承，并将这种高度圆融的智慧应用到自己生活的时代，化解当下的纷争，解决当下的矛盾，利益国家社会和民族，才是真正地弘扬中华优秀传统文化。

中华文化的经典，是活生生的觉悟生命体悟真实世界的文明成果，圆融无碍，自成体系，又没有体系之有形的窠臼。所以她是觉悟的生命觉悟本质的结果，而不是迷惑的生命试图用逻辑去论证或推测的结果。

也就是说，要放弃一切成见，比如说不必先入为主地怀疑她有没有科学的范式和完备的体系，而是回到生命本身和真实的世界本身，才能"发现"经典的真实意义。就犹如现代物理学发现的波粒二象性现象，实验表明，没有人的意识参与的情况下，基本粒子"自由自在"，一旦观察者介入，基本粒子就像知道被偷窥了一样，产生了"波动"。

无论多么复杂的物理现象、社会现象和人生现象，中国文化都可以用四个字来概括：天人合一。也就是每个人要对自己周围的天地人事物一切环境"负责"，我们所经历和面对一切环境都是受到了意识观察而产生了"波动"的结果。

《论语》当中，记载尧传舜、舜传禹天子位的时候，同时还传了中华文化的"心法"："天之历数在尔躬，允执其中。四海困穷，天禄永终。"这就是说，一个人要对自己所要负责的范围担负起盛衰安危的责任。天子如此，贩夫走卒也是如此。

在《尚书》当中，对此心法的记载更加详细，还有被称为"十六字心法"的表述："人心惟危，道心惟微，惟精惟一，允执厥中。"人就是自己时空世界的"天地之中"，用霍金的话翻译一下，就是"即使在果壳里，你也是你的宇宙之王。"

了解了中道的传承历史，理解了执中的境界，秉承了中华文化天人合一的理念，再来理解《中庸》文字背后的文化含义，就相对简单多了。

大道至简，《中庸》也是如此。

天生一个"我"，有了"天"与"人"的概念，就可能有人天分离的分别意识。但是天人本一体，所以，纯净了的人性即天性，觉悟了的人命即天命，由此天德、天心和天道也都迎刃而解。

天人本自一体，所以天性即是本性、自性、德性，当一个人圆满觉悟，其人性也即是天性，其自性自然而然地本自清净，本自具足，本无生灭，本无动摇，能生出一切存在。所思、所想、所行一切随顺自然，即是率性，人天合一，人道合一，人经合一，既然合一了，当然可称之为天，称之为道，称之为经。

中国古代文字十分精练，把所有一切有形无形的存在称为"法"，所以这一切的本性含容万有，变化无穷，所谓"法性山高，顿落群峰之峻；醍醐海阔，横吞众派之波"。至于中性、中道、中空、中和、中心等各种名称，和中庸并非是"两个"，是一不二。

一旦允执其中，则天人合一，此时人天互用，能够产生各领域的文化经典，其中道理，实际上一以贯之。例如，应用到军事上，兵无常势，水无常形，因地制宜，因敌制胜，达到神妙境界。不但指挥己方军队出奇制胜，还可以调动敌方的军队，使环境和态势向有利于己方转化。如果读《孙子兵法》对此不得要领，不妨仔细研读四渡赤水的全过程。

《黄帝内经》开篇《上古天真论》之本意，其实也是中庸之状态：上古之人，其知道者法于阴阳，合于术数，食饮有节，起居有常，不忘作劳，形与神俱，也就是天人合一，清净无染，随缘化用，不迎不拒，身心俱佳。所以孔子说："中庸其至矣乎！民鲜能久矣！"

《灵枢·本神第八》有言："天之在我者德也"，人如果不能遵道贵德，就是人天分离，就是脱离本性、本位和本命，就是失去了独属于自己的道德仁义礼，就是不要命，就会时时刻刻处于背道而驰的危险之中。

《中庸》指出"君子慎其独也"，其实是说真正德行高尚之人，心地光明磊落，安然坦荡，人前人后，表里如一，在别人看不见、听不着的地方提起警觉，不放逸不放纵，不欺暗室，不履邪径。在本心当中发起应用，产生喜怒哀乐，各种想法，但是每一种起心动念都能够达到孔子七十岁所达到的境界，"从心所欲不逾矩"，就是"发而皆中节"。也就是说，世间本没有行路，但是心念一动，也就有了心行之处。如果所有的行动都符合天道，时时刻刻都能够率性合道，随机化用，时时刻刻都在圆满之中，都在克己复礼的天性之中，所作所为都是自利利他自觉觉他。也可以说无论白天黑夜，都是处于全心全意为人民服务当中，与人为善。

如果天下所有人都明白这个道理，要么清静自处，要么利益万物，致力于中和的状态，人尽其才物尽其用，各司其职各行其道，那么必然天清地宁，国泰民安，一片祥和。

中庸之"中"，其实是我们活着的自己，修学提高不必要非去另换一个地方，当下即是，世间唯一的道场，就是我们自己的心地，无论在宇宙任何地方，我们都需要在心地上具足清净光明，毫无动摇。

实践是检验真理的唯一标准。既然中庸是如此至善至美的境界，在我们的历史上有没有人做到呢？按照孔子的看法，大舜是做到了这一点，于是我们也能够得到中庸的标准解释，这也就是"执其两端而用中于民"。舜的做法，印证了《道德经》所说，"善者吾善之，不善者吾亦善之，德善"。所以内心宽厚之人，具有深厚土德之人，完全能够践行《易经》所说的厚德载物，宽容他人不善之处，大化天下。

那么，在孔门弟子当中，有没有一个人可以做到中庸状态呢？有，这个人就是颜回。颜回起心动念为人处世的衡量标准就是中庸，已经与道合二为一。而且大事细做，弥天大德，落实在生活当中的一纤一毫当中，只要有一善就终身不失，时时刻刻践行。

《中庸》举这两个代表性人物，其实是告诉我们，居庙堂之高，可以行中庸之道；处于箪食瓢饮之陋，也可以行中庸之道。

钟永圣

甲辰龙年六月十九

中国善财书院九绿金顶轩

目 录

（一）

　　每个人都有自己的天命，也就是人生使命。这个使命不分高低贵贱，完成了就是人道尽天道返。在本讲，作者告诉我们，学习《中庸》可以让我们了知自性，提升智慧；建议同仁用身体去体会经文，领悟圣贤想要传达的意境，指出真正的文化传承是"人经合一"，当我们把心质扫净时，天命自然而现。

（二）

一个人要做到闲邪存诚，即使独处，也要谨慎持戒。本讲作者规劝我们放下执着，时刻反省，修正自己错误的念头；告诉我们，修身是一场持久战，不能急于求成；要养成勤学好问的好习惯，保持谦卑，涵养自己"人不知而不愠"的豁达性情；讲解了"隐恶扬善"的中道修行之法，以及孔子论强当中隐含的中庸之道；嘱咐我们，既然选择了中庸之道，就要勤加修习，不惧困难；最后，作者分享了自己的人生感悟。

（三）

当我们安定下来，对照着经文反省自己的过错时，就已经是觉知圆满的了。在本讲，作者提醒我们，要加强对自己身体的体察，提早防治疾病；认为中医培训要以中华医学经典为基础，认为合格的中医首先要精通医理；阐明了修道的真正状态是要亲民，拥有帮助天下的慈悲之心；把"庸德""庸言"解释成"中德""中言"，使经文在逻辑上前后贯通；最后，作者生动形象地讲述了"居易以俟命"的君子状态和"行险以徼幸"的小人状态，告诫同仁要光明磊落，不要心存侥幸。

（四）

当我们的行为得不到预期效果时，我们最应该做的就是反过来检查自己，这就是"射有不中，反求诸身"。在本讲中，作者阐释了夫妇有道是家庭和睦的关键；说明了古代设置采诗官采风是为了体察民情，上达天听；当我们在祭奠先祖神灵时，要毕恭毕敬，好像他们就在眼前；论证了"天之生物，因材而笃"，指出我们所经历的一切都是我们的心识变现；最后，作者希望大家一起印证"大德者必受其命"，并告诉我们笃行三年，可见成效。

（五）

当我们觉得自己智慧不开时也不用沮丧，只管尽心去积累功德好了。因为积德福家，积善益名。在本讲当中，作者告诉我们所有的人生遭遇都是由本性而生，背道昧德，必有身殃；要根据是否符合道义来评判是非；介绍了古代的祭祀、服丧之礼，告诫我们不要僭越礼制；为政的关键在人——人存政举，人亡政息；提示我们"一切福田，不离方寸""求之不得，反求诸己"；规劝我们要修德补漏，克己复仁；敬畏前因，不要立于危墙之下。

（六）

其实，人这一辈子，能够把自己的五伦关系处理好就已经算是成功的了。在本讲当中，作者告诉我们，有大德者能够心想事成；我们的心能够突破时空限制，"致广大而尽精微"，无处不在；鼓励我们力行所学之正道，要"知耻而后勇"；论证《大学》思想之来源，表明曾子也是"述而不作"；讲解了治理国家的九项原则，建议同仁效仿国策，早做规划，精进不息。最后，作者点明，诚者，天之道，规劝我们择善固执。

（七）

如果我们比别人愚笨，也不用自卑，因为勤能补拙嘛！正所谓："人一能之，己百之。人十能之，己千之。"在本讲当中，作者点明至诚意义非凡，既能尽人性、物性以赞天地之化育；又可使人化性，让心灵蜕变、智慧开启。此外，至诚还赋予人预判的能力，超脱认知局限以洞察未来。"诚"圆融天成，对于个人来讲，"至诚"如命运重塑之手，将人生轨迹引向光明，其境界高明至极，功用不彰自显。至诚之人，能够洞察整个社会发展的趋势，然后根据自己的处境，采取相应的措施，所以足够自保。

（八）

《道德经》云："执古之道，以御今之有。"我们要认真践行古圣先贤给我们揭示的道理，不要倒行逆施，否则必遭身殃。在本讲，作者认为只有德位双全之人才有资格制作礼乐；我们只要践行暗然而章、淡而不厌的君子之道，就能在社会当中收获美好的声誉。同时，我们要不断通过内省，净化我们的心灵，使我们的志向当中无丝毫恶念。

（一）

　　每个人都有自己的天命，也就是人生使命。这个使命不分高低贵贱，完成了就是人道尽天道返。在本讲，作者告诉我们，学习《中庸》可以让我们了知自性，提升智慧；建议同仁用身体去体会经文，领悟圣贤想要传达的意境，指出真正的文化传承是"人经合一"，当我们把心质扫净时，天命自然而现。

学习中庸　了知心性

尊敬的各位同胞、各位同仁、热爱中华优秀传统文化的各位同道：

大家上午好！

今天，我们非常有缘，因为准备讲《中庸》很多年了，和当初讲《素书》的情境差不多，就是有一些机会好像马上要成熟了，但最终都没能讲成。上一次在这里讲座的时候，我在想，如果让一些读者朋友到我们的录制现场来听就更好了，没想到现已梦想成真了！我们这些同学齐聚一堂，相当于是一个小型班级。人生有很多特别奇妙的机缘，这是我们事先无论如何也想不到的。

在新华版的国学大讲堂当中，我们已经讲过"四书"当中的《论语》和《大学》，尤其是《论语》，是在四年半的时间之内讲了73讲才算是圆满讲完。《大学通解》的出版是在2020年的1月，当我收到样书时正在北京大学。拿到书以后，就听说武汉好像有一种传染病，似乎很令人担忧，已经让北京这边感觉到有必要采取一些防范的措施。

当时我和我家小孩住在北大西南门的一家宾馆里，他在一对一学英语，我等于是陪着他。1月23日——我记得非常清楚——我到未名湖转了一圈，想着放寒假了，先和孩子回家，开学后我再回来。结果大家都知道，疫情发展，上半年整个学期过去，我也没能回到燕园。

那么从这个机缘上来讲，就是人生会有规划，但是这个规划往往会受到天时的影响，从而产生变化。我们在应对这种变化的时候，通常思想准备不足。有些时候，过于期望我们的计划和目标能够实现，

2

所以当变化阻碍其实现的时候，就觉得"哎呀！怎么会是这样？"所以你越是希望它能够直线地实现，好像越不能达成目的。这就是属于自己有一个想法，但面临突发状况需要转化的时候，没有一个思想准备。

这个没有思想准备的底线是什么呢？有一些人，面对自己的人生，抱着反正我也不知道我的天命是什么，也不知道我这一辈子能干成什么，哎呀！随他去吧！有一天的日子就且过一天。这又是另外一种情况。

大家能感受到吗？一种情况是我们的愿望很强，规划很严谨，但突然受到阻碍时，就觉得天不遂人愿，然后难免会有一点怨天尤人；第二种情况是没什么规划，因为感觉好像规划也不一定能实现，有一天算一天。所以时间大部分在流逝，自己也不知道"我在忙什么"，"我这一辈子为什么来"，"到底要去干什么"。

那两种情况都是最佳的吗？不是，都没入中道。所以我们要给大家讲《中庸》，来帮助我们合理地制订规划并且帮助我们妥善地应对自己人生当中的变化。规划制订后，一定会面临外在条件的改变，那我们如何去调适这个心理？如何去应对？我们每天都要面临这样的选择，就相当于时时刻刻每一个念头都是一个转关。如果我们清晰地发现自己的想法到底意味着什么，自己是不是能够看清楚？如果它不对的话，我们是不是第一时间就能觉悟？

以前的中华优秀传统文化祖师告诉我们，"不怕念起，就怕觉迟"。在绝大多数情况下，我们在产生想法的时候，很容易顺着就下去了。就是第一个念头起来以后，我们没有觉察，随后在很长一段时间之内，自己的喜怒哀乐随着它起伏，像海浪一样，自己定不了，无可奈何。

所以我希望我们今天通过对《中庸》的学习，能够了知自己的心性，把自己心念的位置放对，然后自己知道去观照，观照清楚了以后，"知幻即离，离幻即觉"。觉悟就是明白，或者叫洞察、了知。总之，你是一个清楚、清醒的状态，不会因为自己的想法产生蒙昧，从而使自己的人生处于一种未知和漂泊的状态当中。

好！我们现在看原文。

体会经文　感悟其境

天命之谓性，率性之谓道，修道之谓教。道也者，不可须臾离也，可离非道也。

这一段话说的是天道，如果我们把这一段话悟通了，天道也就明了。跟它相对的，"大学之道，在明明德，在亲民，在止于至善"。如果我们把这一段搞清楚了，人道也就清楚了。所以天人合一之道告诉了我们什么？大学之道就是中庸之道，中庸之道就是君子之道，君子之道就是我们每一天"致中和"之道。我们坐在这里，"既来之，则安之"，自己的心态时时刻刻都是一个安然、坦荡、调适的状态，对自己所处的时空位置、自己在人生时间段里面的阶段表现都能够了了分明。

《中庸》开篇第一句挡住了很多人，很多人这第一句就搞不清楚——没有过关哪！或者是看着各种解释，就是不知道谁说得对。我们在以前的讲座当中，给大家推荐过学习经典的三种方法，分别是"至诚诵读""以经解经"和"体会"。其中"体会"就是用自己的生命、身体去明白。

为什么要体会呢？就是经典上的这句话，当年也是由一个活生生的老师写下来的感悟报告，我们要体会他通过这个文字、这套语言体系想要传达什么样的人生境界、思想状态。当我们这么想的时候，就可以做这样一个思考：当初他没写这句话时，他的状态是什么？就是他刚要落笔但还没写出来的时候，他要向我们传达一个什么样的意境？我现在直面这个传承，在没有语言、文字、声音的情况下，我能不能了知？

这就是心心相印哪！就是你心里有个想法，还没等说，懂的人就知道，会心一笑。当年就有位大老师在台上拈花，他手一挥，底下人都傻了，面面相觑。然后突然有一个人一咧嘴，一龇牙，破颜一笑。其实"破"这个词用得不好，我觉得应该是粲然一笑，或者嫣然一笑、会心一笑，都挺好的。那他为什么突然笑了呢？因为他当下明白了那个老师的心。

心为何物　本性是也

那么心是什么呢？（静默一会儿）这几秒钟内，找到了没有？我们每个人坐在这里，都有一个身体，对不对？那谁让你的身体坐在这里的？找到了吗？你说这不用找，就是"我"让我来的。那么哪一个是"你"？你说我的脑袋，我这个脑袋让我来的。好像没错，但是光有脑袋你能来吗？显然是不能。那我们的脑袋，怎么就竖在脑袋这个位置上了？因为有身体。那身体是什么？

在我们的身体当中，有没有一个部分不在心内？没有吧，对不对？打开空调，你能感觉到有凉气；脚一动，踢到桌子腿，你会有觉知。那么心在什么地方？在脚指头上吗？如果它不在那儿，你如何感知？如果它在那儿，世界上哪一个大思想家是用脚趾头来思考的？又回复到这个问题，心在哪里？好像哪儿都在，对不对？但是，你要说它只在一个地方，也不对。

其实，对于一个健康人来讲，你的身、心应该是完全合一的。但你想象一下，或者回想一下，我们在以前的生活当中，有没有身心不合一的时候？有没有魂不守舍的状态？有没有心不在焉的状态？像我们小的时候听课，听着听着，就发现老师拿个粉笔头撇过去了，为什么？老师发现某个同学走神了。那他怎么看出来这个同学走神了？就是他的表情已经泄露了其心不在课堂上。那去哪儿了呢？不知道。

包括我们现在，如果你在家里还有牵挂的人或事，那么你能够有机缘来这里听一次讲座，其实是不容易的。以前我们就讲过这种情况，这一期还是有同学想来却来不了。据说从第一期就报名学习，到现在一次来不了的同学也有。为什么？就是"身不由己"，他的心有所牵挂，即使来了，他能够安心在这里吗？记住这个"安"字，我们讲《中庸》，在后面的经文中会出现，到时候会给大家解释的。

我们这颗心应该是在体内，而且如果是一个健康的身体，它无所不在。假如有一个地方，心的作用不在了，就是你捅它一下，没有感知，是不是坏事了？我们知道，有些医生要试一下患者的神经是否敏感，他会拿针扎一下这个患者的身体的某一个部位。正常情况下，如果扎到某一个穴位上，那感觉就像被电了一样，经络一下子就让你感知它的存在。可是如果这个针刺下去，毫无感觉，那是不是一件挺可怕的事？我们说过，气血要通畅你才有感觉。

那我们这个感知出现了以后，它是不是意味着我们生出了一个心念来？你本来处于一个非常平静的心绪当中，没什么念头，然后产生了一个感知。这个感知就叫作生心，生出一个心念。那这个写出来是个什么字呢？

大家看经文，你生出一个心就是"天命之谓性"的"性"。你给这个汉字相相面，我们古代书写是从右向左来的，假如你把它看成两个字，你从右往左书写的时候，是不是可以读成"生心"呢？那从左到右也一样——"心生"。心生了，生什么不管，你肯定在生对不对？那它是什么？我们的本性。

人经合一　谓之真传

我们学习，要求的是当场就要体会，至诚诵读，然后以经解经，经史合参，最终达到人经合一。看到文字，不是说文字是文字，我是我，经文是经文，而是要把它们合起来的。那要合起来的话，就得化入心性，文义变成自己的理解装进来，然后你才能得到传承。

孔子把心法传给了曾子，曾子写了《大学》；曾子传给了孔子的孙子子思，子思报告心得写了《中庸》；子思又启迪了孟子，故而有了《孟子》。所以"四书"其实是儒家四代宗师给我们留下的经典法宝。历代读书人去读这几位圣贤的读书报告，或者是当年他们进行对话、讨论的语句，他们留下来的相当于是中华文明最珍贵的一部分文字表达，值得我们去传承。

那我们怎么去传承呢？你说我会背。但背完了，用不上，那你和复读机有什么区别？为什么我们提出"人经合一"这个概念，就是希望我们自己成为活生生的经典，你活着就是这个经典精神的落实；你每天在世间的起心动念、坐言起行，都是在诠释中华优秀传统文化最核心的精神；别人通过你的语言和行为，能够体会到中华优秀传统文化的至善至美，这样我们才能说，我们是中国人，我们是一个传承人，我们是一个文化人，我们是一个文明人，我们是一个觉悟之人，我们是一个明道之人，我们是一个明心见性之人。

明心见性　明见心性

很多人被"明心见性"这四个字吓到了，把它想得很玄幻。我们从今天上午开始，前面啰唆那么多，为的是什么？为的是让大家回到自己真实的生活状态，去考虑一下自己是不是进入了中庸的状态；然后能不能找到自己的心；自己这颗心每天都给自己画了一个什么像。"心如工画师"，这句话听到过吗？我们的心就像画师一样，它给你画了一个什么样的人间世界？我们的人生画卷，谁来执笔的？自己的那颗心，对不对？

我们每天都在生起念头，因为我们总得思想，"思"，心上有一个田；"想"，心上有一个相；"意"，心上有音。你每天自己思考的时候，就好像是自己跟自己对话，就像文字在心空里面发声一样。你自己在思想，那写出来就是文字，讲出来就是声音。那"念"就是你当下的这颗心。这些都离不开心，谁生出来的呢？

所以在我们的造字法当中，心、性它俩怎么区分？这把很多同胞都绕糊涂了——谁是心，谁是性啊？什么叫明心，什么叫见性啊？好，我们就从这里再给大家掰开来说一下，然后你就能明白文字为什么会障碍我们。

"左突右冲"，大家听说过这词吗？它到底是往左冲，还是往右突？是不是管它左边还是右边，只要能冲出去就行？这里用了互文的修辞手法，其实是左右冲突，为了表达凝练，变成了左突右冲。类似南辕北辙、东拉西扯等词汇，都是这种情况。这就意味着这四个字你不能分开，应该整体系统地去还原它要表达的那个真实的意思。所以明心见性，明的是心性，见的是心性。

你真明见了心性以后，它有文字吗？你真见了心性以后，还需要用文字吗？咱俩的意思互相明白、会心一笑的时候，我们还需要再说话吗？再说就是啰唆了，对不对？

所以很多的文章，如果你过于在一个字、一个词上下功夫，反而失去了整体。盲人摸象，永远不知大象。而有些时候确实要下这种细致的功夫，每一个字都要搞清楚。但是有些词呢，要仔细地涵泳斟酌，慢慢地从整体上去把握住。"执大象，天下往。"

何期自性　本自纯净

那现在再问大家，"天命之谓性"，这个性是什么性？心性。谁的心性？自己的，叫自性，也叫我们自己的本性。我们是人类，我们不是鱼类、鸟类、兽类、羽族，那我们的心性是不是人性？所以你看心性、本性、自性、人性是天性吗？应该是，对吧？所以"人之初，性本善"，人最初的心性是纯良无恶、纯净无染的。问题是，我们的人性真的是天性吗？不确定，被污染了的人性就不是我们所说的那个天性。谁污染的呢？我们自己污染的。

怎么污染的呢？古代有一个词叫"六尘"，就是指眼、耳、鼻、舌、身、意产生"六识"，在不觉悟的状态下的认知，就像灰尘一样遮盖和污染本无所染的心性。弄错了，看错了，听错了，我们的心性就会被污染。比如，眼可以见色，未觉悟就是"色尘"。这个色是指整个物质世界，或者时空现象呈现出来的可见世界。以此类推，有"声尘""香尘""味尘"等。那如果我们把影响自己心性纯净的"六尘"扫净，我们被污染的人性是不是就恢复成了纯净的天性，此时我们是不是天人合一了？

天、人本来是分离的吗？显然不是。怎么分离的？我们出生的时候也没跟天分离，也是纯净的，也是天人合一的，后天的污染让我们的人性脱离了天性，不再纯净。所以无论是本性也好，自性也好，悟性也好，虽然称呼不同，但它们都应该是天性的。

我们本来的心性，它就是纯净无染、没有丝毫杂质的，而且它可以涵容一切，可以化生一切，它是个活的。你要说它是个东西，你又拿不出来，但是可不可以觉知？可不可以认识？可不可以认识我们自己在父母未生我们之前的本来面目？可以啊，那是"我"呀！但没有一个固定的"我"，因为心性本身不受限制。

现在再问大家，"天命之谓性"的天命是什么？纯净了的人命可称之为天命。我们每个人现在有没有命？你活在这里就是个生命，那你的人命能叫天命吗？有些人说可以，有些人说不可以，为什么不可以？因为你没有明白自己的心性，没见到自己那个纯净的天性、本性、自性，你是活在污染当中，活在蒙昧当中，活在糊涂当中。天天被污染，自己还不知道。《易经》上有一个卦，叫"蒙卦"，对不对？小孩教育为什么叫"发蒙"呢？中华优秀传统文化的知识体系、概念体系就是要把他那个蒙昧的东西揭开，让智慧之光进入孩子的心灵，所以叫"童蒙养正"。

知止有定　经济人生

道理不是一下子就能明白的，虽然理论上可以在一念之间顿悟。古代有一个案例，八岁的小孩悟道。你想他得多好玩、多天真，能让一位女居士说"我能抱抱你吗？"不光是她，如果见到一个八岁的，不用说是悟道的，就是一个特别好玩的小孩儿，我们也难免会忍不住想抱一下，对不对？这很正常。但是那个孩子告诉她："你这一念就相当于是挂碍了，起贪念了。"

"天下皆知美之为美，斯恶已。皆知善之为善，斯不善已。"① "我喜欢他，我要抱他。"大家想，世间所有的事情，是不是就从这一念开始，然后像万花筒一样，一个跟头一个跟头折下去。如果你不能知止，你能有定吗？你能回到自己的本位上吗？你的心性是静定的吗？是不是就很累？是不是活得就不经济？你就被它弄得"生死疲劳"。

我们以前提过，一位中医告诉我们，同样的时间之内，脑力劳动是体力劳动消耗体力的三倍。所以你这个肉做的身体——如果你不高明的话——就进入了一个耗费的模式，不是一个经济的人生、健康的人生、舒适的人生。活得很累啊，很疲惫啊，很痛苦啊，甚至晚上还睡不着觉。越睡不着觉，脑子却好像越清楚越精神，心跳怦怦的，连两侧血管中血液流动的声音都能听得到，长夜漫漫。但是到了白天，

---

① 出自《道德经》第二章。

应该劳动干活、享受阳光的时候，却又疲惫困倦。

所以你想这人的状态，白天应该精神的时候他疲惫，晚上应该休息的时候他精神，活得阴阳颠倒、黑白颠倒，和天地阴阳、日月转换的规律相反，这叫道法自然吗？显然不是。这不就是人天分离吗？

中华文化　一以贯之

我们说合一，是你认识到我们的本性是纯净的，是与大自然（本体）合二为一的，我们本身就是天地宇宙生出来的一个个体。生出来之后，你执着有这么一个"我"，但是你离开天地了吗？没有啊，我们还是生活在这（本体）里面。

所以当张仲景揭示"天布五行，以运万类"[①]的时候，你想过我们也是万类之一吗？你想过那个在天地里运行的五行规律，此时此刻也在运行着我们自己吗？"人禀五常，以有五脏"[②]，仁义礼智信代表的五伦八德，你禀受全了才能安然无恙，所谓"德全不危"[③]。你只有禀受全了五脏六腑所依据的伦理道德，才能生出来物质的心肝脾肺肾。

从天理到心理，到生理，到伦理，到物理，一理贯通。这就是我们中华优秀传统文化的"一以贯之""天人合一""知行合一"。最后由经文给我们揭示出来，君子黄中通理，君子允执其中，君子守中，君子时中，君子就在天地之中立心。我们真正领悟其中的奥义之

---

① 出自汉代张仲景的《伤寒杂病论》序。
② 同上。
③ 出自《黄帝内经》之《上古天真论》。

后，那我们就是"人经合一"，我们自己就是一个活的经典，就是一个中华优秀传统文化合格的传承人。这就是文化自信，所以《中庸》讲完了，下面的内容是白送，喜欢听的听下去。

所见未见　皆在心中

不是逗大家，是真的讲完了！你只要找到了自己的心性，你就归位了，你就回到自己的本位了。

知道自己心地为什么不纯净，那就"时时勤拂拭，莫使惹尘埃"嘛！为什么扫地僧扫着扫着，突然把扫帚一扔，向师父报告，"我明白了！"他明白什么了？他自己的心地，他扫明白了。他扫大地，扫着扫着，就思考这些落叶是从哪儿来的？从树上掉下来的。那树上的叶子是从哪儿来的？往下追查，最后就明白，什么山河大地，全都是从自心当中生出来的，都是在自己的本心当中呈现的。

如果不是在你的本心当中，你能看见吗？我在《中国经典经济学》里面引用过西方一位哲人的话，"银河系如果不是在我的心灵里，那我如何看见它？"宋代有个皇帝，干什么都行，就是当皇帝不行，他写过一首诗，诗里面有一句话，"彼此人人定里身"①。大家现在你看我，我看你，能看到吧？为什么能看到啊？"彼此人人定里身"，如果不在你的心性当中，你如何看到？

你的心性当中是无比的广大，涵容万物。你说，既然心性当中有

---

① 出自宋徽宗的无名诗，全诗为"有情身不是无情，彼此人人定里身。会得菩提本无树，不须辛苦问卢能"。

那么多的东西，那我咋没看见啊？王阳明的弟子向他请教时他说，当你看见它的时候，它就从一个沉寂的状态突然明亮了起来。它不是没有，而是机缘未到，处于寂灭的状态。

明德亲民 成就自己

人们都说王阳明的心学影响东亚500年。1508年龙场悟道，现在500多年了，那我们自己明白"心"了吗？天天拿着杯子喝水（向大家展示装着水的杯子），杯子天天给我们讲道理（水本无形，心亦如此），我们清楚了吗？我们时时刻刻都处于一个可以立即返回先天的环境当中（所谓当下即是），但是如果你的思"路"不对，你是做不到这一点的，我们就把自己的"天命"（本性蒙昧、使命荒废）丢了，因为你没明白其"中"（允执其中）的道理。

现在，我们进行一个等量代换，经文上说"天命之谓性"，那知天命等于知什么？知"性"。知什么性？天性、本性、心性、自性，这个性它本身纯净无染、光明磊落、万德具足。所以换个词，再置换一下，就是"明德"，当我们明心见性的时候，就是"明明德"；当你明明德的时候，你就清楚了什么是"道"。所以大学之道在哪儿啊？在明明德呀！明白这个德以后，要在世间行道，随缘度化，随缘尽自己的义务，叫了缘，这就是"亲民"。

为什么要亲民呢？这个词的意思就是对人要好，这个"亲"字可以解释成大慈大悲，就像母亲对待孩子一样。你为什么要对他好呢？因为我们同样都是天地生人。当你"明白"的时候，你看世间的人是不一样的，"一切贤圣以无为法而有差别"。所以在本性上说，我们高高低低，男男女女，林林总总，都是平等的。可是你心里边那个爱与慈悲如果不清净觉悟，就化作了日常的起心动念的层次分别。我们要存好心，做好事，最终成就的是自己的功德。你所有的积功累德最终都是为你自己服务，所以这个"亲民"再翻译一次，就叫全心全意为人民服务，不分亲疏远近，《道德经》谓之"德善"。

这条路走到什么时候呢？无始无终，走到至善。你说有至善那一天吗？当你明明德的那个时候，你就走在至善的那个道路上。如果你真的明白了这个道理，你在理念上当下就圆满了，你心里面就不会再产生灰尘了。你的人性就与自己本来的那个天性合一了，你就知了自己的天命，见了自己的本心和本性。

立志修行　人人可成

那你说，我怎么感觉好像我还不是那个知天命的人。那你敢承当吗？今天上午我们就成圣成贤，你敢承当吗？你只要敢承当，就是孔老夫子所说的"立志"，你就有机会。你说我还是有妄念，有不好的想法生出来，那有什么关系？不怕念起呀，早就告诉你解决方法了，就怕觉迟啊！你掌握了这个方法，就已经明白，自己的本性本来就是干净的。它不需要你去修，它就是纯净的，"在圣不增，在凡不减"，只是在没人说清楚的情况下，我们认识不足，认识不到，不知道该怎么做。

你认同了自己以后，我们的本心、本性和老子、孔子没有任何差别。何以他们能够成圣成贤，而我们一身瓦砾，不就是我们蒙昧吗？不就是我们忘了自己的本性是纯净无染的，然后我们天天接受各种污染，自甘堕落吗？那了解了这一点，修行是不是很简单？像了凡先生说的，不必枝枝叶叶去计较。你心静下来，"心安而不惧"①。这回我们再去念《大学》就知道了，三纲八目说得真真切切。修行最关键的是什么？立志定住心性：我此生的目标就是天人合一的境界。

物来则应 过去不留

你说我现在还没有完全纯净，这又是一个妄念。"物来则应，过去不留"，这就叫干净，这就叫不起念了。所谓"居一切时不起妄念，于诸妄念亦不息灭，住妄想境不加了知，于无了知不辨真实"。你看这多清净，这多自在，这多洒脱。为什么这样？因为你天性本来纯净，本自清净，本自真实。

"物来则应，过去不留"，这是一个什么样的境界呢？我们看镜子，大多数女同胞早上化妆都要照照镜子。如果这个镜子，在你起来第一次照的时候就印上了你的相，一会儿你拿粉扑扑完了之后，再照一次，它又印上一层，那么等你化完妆，这个镜子上重重叠叠，无数个你在那上面，还有得看吗？这就是沾染、挂碍、染尘，一层一层地往上堆积。我们每天是不是这样，你想一想，像不像这个镜子？那真正的镜子是这样吗？不是啊，你来它就映，你走它又恢复如初，即使它映的那一刻，也没有沾染！

---

① "心安而不惧"出自《黄帝内经·素问·上古天真论》。这句话强调了内心安定平和对于消除恐惧情绪的重要性，是中医养生理念中关于情志调养的重要内容之一。

反观内照　能治身疾

我们的人生是平的吗？不是，它是圆觉贯通的。心性是尽虚空、极高明、道中庸、广大无边啊，所以中国古代叫"大圆智镜"，没有一处不在它的映照之下。就像我们一开始论证的，在一个健康的人体之内，没有一处是心达不到的，没有一处是心感知不到的，没有一处是心念观照不到的。那了解了这一点，修行的方法知不知道？洗涤自己心灵的方法，今天是不是就学会了？你坐在那里，反观内照啊！

我得到一种版本的《黄帝内经》，它是从日本传回来的，里面的经络图不叫经络图，叫"内照图"。然后我就反问：伦琴射线的发明不过100多年，而《黄帝内经》最晚出版的年代被断定是战国时期，距今两三千年，它是怎么照的？为什么叫内照？怎么观照？

我们今天给了大家这个方法，以后大家就应该知道了，身体哪里不舒服，自己可以去观照一下。我们知道在身体外面烤电，比如腰疼了，烤烤电，热乎乎的，那怎么把自己那个伟大的功能忘了呢？你坐在那里或站在那里，以你舒服的姿势，自己默默地观照一下，身体哪个部位不舒服，你跟它商量一下。

你自己内部的系统，是你做主不？你要是做主的，你说话应该好用啊，你下的应该是一个命令啊，这个身体应该听你的指挥啊。那你什么时候脱离了主位，不下命令了，没有指示了？《黄帝内经》里面说："主明则下安，以此养生则寿"。用这个明心见性之心，知天命、知本性之心，去观照一下自己的身心世界，这不就是"以此养生则寿"吗？一本万利。这"一本"，就是你自己明白这个道理，那今后收获无法形容！

这个等量代换，大家是不是学会了？"天命之谓性"是不是了知了？还有疑问没有？

心质扫清　天命自现

纯净了的人命就是天命；纯净了的人性就是天性。

要想知天命，你就把自己心地上的杂质扫出来，它自动显现。然后根据你自己的现实条件，定一个目标，就是你天命的方向。"人道尽，天道返"，不用很长的路，你今天上午，就在此时此刻，听老钟讲几句，明白了以后立下志，你现在就圆满，现在就纯净，现在就是圣贤。你敢不敢承当？所以我们的课堂是制造圣贤的课堂，但不是我来制造，是你自己把自己打造成一个圣贤。你想拥有什么样的人生，只要不过于离谱，你就能拥有什么样的人生，真实不虚。

我们的经典就起的是这个作用，它就是标准，它就是方法。它就像一面大镜子，你每天读，读的时候，能照出自己哪些地方做得不对，改就是了。所以为什么说"人经合一"是我们的一个目标，就是劝大家不要把道跟自己分成两个。人知了自己的天命和本性就是道，就是活着的经典。

"天命之谓性"，性、命要双修，不能偏废。性命双修是道家的一个词汇，换个词就是身心俱圆满、身心俱健康。你身体的某一个零件、某一个组织、某一个器官、某一个系统，谁生出来的？你天天给"心性"这两个字相相面，了解一下自己，剖析一下自己，就知道了。

"率性之谓道"，它里面一点做作都没有，"物来则应，过去不留"，随缘应化，"既来之则安之"[①]：今生富贵，"素富贵行乎富贵"[②]；今生贫贱，"素贫贱行乎贫贱"[③]；生而为男，我就做个大丈夫；生而为女，我就做个淑女，贤妻良母，为天下孕育圣贤，以"太太"为榜样——太姜、太任、太姒三代圣母，养育一窝圣人，给中国贡献一个伟大的周文化。

所以"天命之谓性，率性之谓道"就很简单了，你只要合乎本性，道法自然，活活泼泼，灵灵明明地去按照自己的天性、本性、自性、纯净无染的那个本来面目去做，那就是道啊，那就是德啊。

身心一体　性相一如

明德、明道以后，你的身体慢慢地就会健康起来。就像三祖在见二祖之前，一身毛病，后来他也没去做彩超、核磁共振，慢慢都好了。怎么好的？我们在上面已经给答案了。

那你身体里面的毛病谁长出来的？你说我怎么那么倒霉，为什么得这个毛病？这不是谁倒霉，身体是你自己的，你的身体是你心的显示器，你的身体健康状况是你功德状况的仪表盘哪；你的心念，念念之间"雕刻"着自己的身体状态，所以排除外来的伤害，你身体的种

---

① 出自《论语·季氏》。

② 出自《素书》。

③ 同上。

种症状从根本上来说都是你自己造成的。

有一种说法，人过四十以后，要对自己的相貌负责，就隐含着这个意思。天生的小鲜肉，为什么后来越来越有德相？因为在他的心念当中，他要依照圣贤经典去做，尊道贵德，所以产生了这么一个心念"雕刻"的结果。那有些人为什么一开始是小鲜肉，后来变成了油腻的中年大叔，一看就不像是好人？怎么显示出来的？

身心一体，性相一如，性相合一，对不对？看你的相就知道你的内心。眼睛是心灵的窗口，你整体一身都是你的心显示出来的相。

笃行亲民　人道合一

文化是什么？"文"是道，"化"就是用这个道把我们自己装进去，合二为一了。怎么让自己与道合二为一，不再人天分离，不再受污染，不再随波逐流，而是能够按照纯净的本性去生活？按照明明德的要求去做，按照亲民（现代说法叫全心全意为人民服务）的要求去做，直到你至善圆满。

什么叫至善圆满？就是自然而然的，此生的缘分该了的都了了，该尽的都尽了。那你说寿命怎么决定？至少我的老师告诉我说，"仁者寿"，想多待几年就多待几年，待够了，留下一封信就可以走了，清清爽爽的，利利索索地，留下一个壳，例如宋代的陈抟祖师。

"修道之谓教"，教你，这就是教。"道也者，不可须臾离也；可离非道也。"就像我们刚才解释的，我们明白以后，知天命以后，明心见性以后，本来就是天人合一，你能离开它吗？你和它是合二为一的，怎么能够离得开？

你就是你世界的核心，你就是你世界当中做主的那个君主。所以霍金在书中说，"即使在果壳里，你也是你的宇宙之王"。宇是天地四方，宙是古往今来，所以宇宙就是时空。时空就是时间跟空间，再换个词就是世界了，你就是你世界的主宰，你就是你世界的"一把手"。你自己的世界混乱，谁造成的？你嘛！不能怨天尤人哪！

那怎么办呢？大家看没看过一个采访？外国一个主持人采访朱莉娅·罗伯茨，说"你为什么打麻将啊？"朱莉娅·罗伯茨的回答当中有一句话很有意思，"create order out of chaos basing on the random"，就是通过随机抓牌，在混乱当中制造秩序。那我们现在也可以在你认为是混乱的环境中，通过明理，自己制造出自己的秩序。

我通过翻译哈耶克的 *The Sensory Order*，发现这本书里面有一个mental order，或者是phenomenal order，就是心理秩序或者是现象秩序。这是心理的，在我们的心性当中的，然后它和我们血肉做的这个身体，也就是生理的这个秩序是对应的，对不对？如果它们不对应就麻烦了，想说话的时候说不出来，想看东西的时候看不见，想拿杯子的时候拿不了，这就说明出问题了。之所以想说就能说，想看就能看，想听就能听，想拿就能拿，是因为我们的心理秩序和身体的生理秩序，也就是那个neural order（生理秩序）是合一的，是对应的。最关键的是他说的第三种秩序，就是外在的物理秩序，或者叫自然秩序（the physical order）和我们身心之内的这两种秩序也是"对应的"。

他是不是个高人？这不就是天人合一吗？外在的天、地、人、事、物和我们自己这个人本身是合一的。什么叫合一啊？不是说把他们粘在一块，而是说他们之间是和谐统一的，这在数学上是可论证的，就是拓扑嘛，结构无论怎么折叠翻扭，点与线之间的那个联系关系不变。

时间到了，我们休息一会儿，下一讲接着来。

（二）

　　一个人要做到闲邪存诚，即使独处，也要谨慎持戒。本讲作者规劝我们放下执着，时刻反省，修正自己错误的念头；告诉我们，修身是一场持久战，不能急于求成；要养成勤学好问的好习惯，保持谦卑，涵养自己"人不知而不愠"的豁达性情；讲解了"隐恶扬善"的中道修行之法，以及孔子论强当中隐含的中庸之道；嘱咐我们，既然选择了中庸之道，就要勤加修习，不惧困难；最后，作者分享了自己的人生感悟。

君子慎独　闲邪存诚

各位同学：

我们现在开始第二讲，大家看《中庸》的原文。

是故君子戒慎乎其所不睹，恐惧乎其所不闻。莫见乎隐，莫显乎微。故君子慎其独也。

君子之道，就是大学之道，就是中庸之道，就是身心合一之道，就是心地纯净无染之道，就是身心安泰之道，就是主明下安之道，就是厚德载物之道，就是德本财末之道，就是自强不息之道。作为一个有君子之志的人，所谓的"戒慎"，就是谨慎在别人看不见，甚至听不到的地方，保持敬畏，高度自律。换句话说，我们的所思、所想、所作所为，跟外人看不看得见、听不听得到没有关系。当然，更要反观自省，对自己视听上的盲点，对自己可能没发现的毛病，对自己可能听不到的善意的批评，更要保持警觉。

一个人要做到"闲邪存诚"，这是以前的老师给我们下的一个断语。什么叫闲邪啊？你一个人闲下来的时候，脑子里不要有妄念、邪念；存什么呢？存好心，存至诚、真诚之心，这就是君子之学。

"莫见乎隐，莫显乎微。"任何事情，防微杜渐，当第一念萌生的时候就要警觉，就像禅宗祖师告诉弟子的一样，当你第一个妄念刚升起的时候，也就如同那个耗子在耗子洞刚露一个头，你的本觉观照作为猫就直接抓上去。那我们现在就明白，那个观照的人，我们那个本觉，就像猫一样，第一时间照破我们自己的妄念。所以"居一切时不起妄念"，但是妄念它总会来，"于诸妄念亦不息灭"。

你说哪来一个猫啊？这就是打比方，其实大家仔细想，当你知道我刚才这一念是妄念的时候，是不是已经相当于猫把耗子吃掉了，妄念已经不称其为妄念，"知幻即离，离幻既觉，离即觉悟"嘛！你已经知道刚才这念头不对，那它还在吗？等修到一定程度的时候，你连去掐掉妄念的这个妄念都没有，就是猫也没有了，老鼠也没有了。但一旦有老鼠出来呢？出来就出来，不去抓它了。当你决定不去抓它的时候，在你的心性当中，老鼠也没有了，就是杀念也没有了，对立也没有了。

放下执着　随缘应化

喜、怒、哀、乐之未发，谓之中。发而皆中节，谓之和。中也者，天下之大本也。和也者，天下之达道也。致中和，天地位焉，万物育焉。

我们论证过，自己的本心、本性纯净无染的时候，也就是"喜、怒、哀、乐之未发"的时候。如果它用一个状态来形容，我们那个纯净的天命、本性、自性就叫作"中"，所以也可以称为中性、中心、心中，相当于是一个原点，但真有这个点吗？没有。

你在任何一个地方，比如说，就在当下的这个课堂上，那么你就在你的世界之中，然后你自己的那颗心就是你世界的主人。我们要保持这种"未发"的状态，就是心安的状态、纯净无染的状态。当然，就像假设物理世界有摩擦一样，我们总是要起心动念的，总是会开心、发怒，七情六欲总是要有的，所以后面突然就有一个针对这种状态的表达。那它发出来怎么办？

"发而皆中节"，大家注意"皆中节"，有节制、有节奏、有节律。这挺有意思的，就是当行则行，当止则止，也就是我们所说的，当你觉悟了以后，随缘应化，随机应对，一切不执着。当没有事情的时候，自己不要没事找事，安安静静地，该做什么做什么。

我们现在习惯"填空"，经常问"你有没有空"？然后把整个时间表，一天、两天，一个月三十天，挨个都要把它填上，觉得这一个月挺好的。那你也不能说每天什么事都不做，对不对？我们现在是说，你即使每天很忙，一个月三十天都在忙碌的工作状态当中，可是还要随缘应化，"物来则应，过去不留"，是这个状态。

这就是"心空及第归"，达到了这个状态，你就不染了，来了就应，该怎么做就怎么做，过去就不留了，这就是智慧的升华。打比方说，它就像一面镜子，纤毫毕现。它不会说你给这个镜子的底座塞上200块钱，然后它就给你显示出高大威猛的样子，你不给它钱，它就给你显示出很丑陋的样子，而是你是什么样，它就自然地呈现什么样。

时刻反省　修正己念

心地，一旦发作出来，或者呈现出来，都要能够达到最佳的中和状态。正如老夫子所讲，"七十而从心所欲，不逾矩"。即使显露出来，要说话说得恰当得体，要做事做得实事求是、因地制宜、妥帖恰切。

所以每天都要反省：这句话是不是说得深了一点？我是不是有情绪了？就是时时刻刻都在观照，时时刻刻都在提醒自己，随念就产生一个观照，它是很细微的。也就是说，你时刻都在觉悟当中，前一念觉得错了，下一念以后不要再犯，就是永远有一个警示监察机制在看着自己，这是本觉的观照。

"哎呀！那人太讨厌了！""这人烦死了！""那家伙我不喜欢！"假如说，这些念头在自己的心底里生出来，那就是从"喜、怒、哀、乐之未发"这个本性当中突然长草了，对不对？

所谓长草，本来没有，长出草来，长的什么？长的是荆棘。我们的世界里面为什么不长莲花，然后长出了荆棘，你自己不反思吗？大家想一想，为什么有些人，在他的周围环境里面，不是小桥流水人家，不是鸟语花香，不是花好月圆，而是荆棘丛生、怪石嶙峋、毒虫出没、暴风骤雨，想过吗？

英国BBC有一部纪录片，记录我们这颗星球，网上评分9分多，有些时候我就看这些动物的生存环境。其中有一集，说的就是一个类似小蜥蜴的动物，它要从它出生的地方爬到另一个地方，它走过的地方没有一丝绿色，黑乎乎的那个岩石，岩石下面全是沙粒，很恶心，很恐怖——很恶劣的环境。在它跑的时候，还会不停地有毒蛇出来要吃掉它。

大家想，同样是生灵，它为什么生出那样一个身来？那个东西长得让人看了，尤其是女同学，会心生恐惧。然后你看它的生存环境，每一步都面临着生死，就是面临着被另一种生物生吞活剥吃下去的风险。大自然里面有极其美好的场景，也有这样恶劣的场景，谁把它送到那个环境当中去的，或者说它为什么会投生在那个地方？

好了，我们回到人类世界。我们现在想一想，今生我们为什么投生到此家？为什么是男？为什么是女？大家想过吗？所以见本心，见本性，虽然我们在第一讲里面给大家讲了，你只要立志，抱定此心，知天命的时候，也就知性了；知性的时候，也就明心了；明心的时候，你也就明明德了；明明德的时候，你也就明道了；明道的时候，你也就知道自己从哪里来，现在这一阶段应该怎么办，将来到哪里去了，也就是说时空在你这里化合了。

修身成就　　是持久战

但问题是在当下这一阶段，我们能明白吗？在理上明白，在事上能直接兑现吗？不能啊，我们还需要一段忍耐，这里面说"修道之谓教"嘛，我们还得有这么一个教化的过程，就是自己去除心内杂质的过程。那个习性污染造成的后果是很难缠的，"江山易改，秉性难移"。所以立志的同时，还要做好打持久战的准备，它不是速决战。

听那个老师说，《中庸》讲完了，我也明心见性了，也知道自己的本心、本性了，然后从今天上午我就是圣人了，从此贴个标签，逢人就心里想着你咋不供养我呢？这样的人我听说过，有一位朋友告诉我说，他们那里有这么一个现象：他们的领导曾提倡中华优秀传统文化，然后有的人前一天还在兜售西方的某种理论体系，看到今天国学热了，他穿上褂子或长衫，摇身一变，就成为中华优秀传统文化的老师了！他也不上班了，把装修一改，门庭变成了古色古香的中式风格，自以为是地打着如意算盘：你们把孩子送来吧！我是传统文化老师，你们得供养我呀！

接着我们这位朋友问我说，"钟博士，为什么他好心办国学班，却维持不下去呢？"大家是不是就能明白，他要能维持下去，还有天理吗？如果穿上个褂子就真的是老师了，那大家都穿一个得了，都穿孔子的服装，都成孔子；都穿老子的服装，都成老子；你羡慕皇帝，你找件龙袍穿上，那你就是真龙天子了，大家给你三拜九叩得了。

不是把衣服一换，你灵魂就变了；不是一个理念，你在理上明白，事上就完全转化了。三祖还得有一个修正的过程，毛病才能逐渐化去，我们不也一样吗？所以有些事情，理上可以当下立即就转变，但通常我们要有一点自知之明，就是我们要知道自己是不是那个古代老师所说的"上根利器"。我们能做到《道德经》里面说的，"上士闻道，勤而行之"就不错了，可不是一念之间，理事俱圆融，一下子全部化合。

"江山易改，秉性难移"，我们要做好打持久战的准备，跟自己那个与生俱来的脾气秉性作斗争，一点一点地化去。就像我一开始，我们那个老师跟我讲，"如果你三年不冒烟，算你化性"。我这三年三年又三年，三个三年过去了，彻底解决问题了吗？当然还没有啊，有点进步，但还是"革命尚未成功，同志仍需努力"。

后面呢，子思就一连串地引用了他的祖父、我们的至圣先师——孔子的一系列表达，我们看一下。

遇赞不骄　逢贬不馁

仲尼曰："君子中庸；小人反中庸。""君子之中庸也，君子而时中。小人之（反）中庸也，小人而无忌惮也。"

你说我们这个版本当中，也没有"反"字，你怎么瞪着眼睛就能读出个"反"字来呢？就是这个版本，有一些说法，应该是带着反字的，大家知道吗？有些版本是说"小人之中庸也，小人而无忌惮也"，大家可以自己去体会，这个"反"字加还是不加。到底怎么弄丢的，然后谁认为要加上，这都是版本考据学要探讨的内容。

但从对比的关系上来讲，我们感觉好像是加上"反"似乎是很合理的，因为它就是一种最简单的逻辑对照，对不对？先说君子是什么样的，然后再说小人是什么样的。如果小人也进入中庸的状态，那还叫小人吗？那他岂不就是大学之道的践行者、中庸之道的践行者了？小人是做不到这一点的，他是反中庸的。"反中庸"是什么？要么过，要么不及，所以骂别人小人，是骂得挺狠的。

但如果按照我们第一讲说的那个身心状态，那么我们差不多都被骂了。因为你只要没进入那个中庸的状态，就属于小人。所以从这个角度上来说，那个"反"字不带好像也有它的道理。你不能把天下人都骂了，因为修行没成功的时候都是这样的。

但是，我们自己想一想，就算是我们被骂小人，有什么了不起的？那是他的概念，我真是那样吗？有没有圣人被骂呀？孔子现在不就被骂吗？好像还挺多的。我讲《论语》，讲《道德经》，体会到一件很有意思的事情，还真是骂老子的人很少，编排孔子的人很多，什么道理？孔子教我们在生活当中如何去做，入世的；那老子呢，神龙见首不见尾，他的话你听都听不明白，琢磨也琢磨不明白，就太高了，抓不着，所以他想批评，也无从批评。但是每个人好像都有发言权。"你说得就对吗？"所以这批评就来了。

我们从中也能够学到一点经验，就是做事情的时候，别人说不对，未必我们就真的不对；别人说好，也别沾沾自喜，我们未必就有人说的那么好，通常我们是被忽悠的。所以人家夸你呢，那是人家积口德，我们感谢；人家批评你呢，虽然有些时候觉得，"哎呀，又碰上这种人了"，但是心里要明白，就是面子上即使挂不住，心里也要明白：这哥们脸红脖子粗的，给我消业障了，感谢他还来不及呢！你表面怎么应对是一回事儿，但心里要明白，中国有一句古话，人间的小人，甚至人间的仇人，有可能是你修身路上的恩人。所以父母打骂孩子，虽然形式上不对，但是他是出于教化之心，真不对吗？这就未必。

名字传统　应当恢复

子曰："中庸其至矣乎！民鲜能久矣。"

至道，至纯至善的状态，相当于给我们设了一个远大的目标，我们现在还达不到。但是共产主义目前达不到，我们可以建设社会主义；建设社会主义，我们要有自己的特色，我们现在已经进入了新时代。那我们也可以依照此标准来理解，中庸那个至德、至纯、至善的大学之道、君子之道，我们达不到，但达不到你就坐地上不跑了？达不到也得追两步吧！所以，每天每时每刻都要日省吾身，不只是三省。我们说观照，是时时刻刻，那个"三"就表示多，表示恒常，表示无遗漏。

子曰："道之不行也，我知之矣：知者过之；愚者不及也。道之不明也，我知之矣：贤者过之；不肖者不及也。""人莫不饮食也。鲜能知味也。"

杭州有个知味观，十几年前，我为了高等财经教育改革，跑到杭州去，请林毓生先生还有其他的老师到我们大连的东北财大去讲学，我是那个时候才知道有知味观。人们都说杭州有文化，江南有文化。

你看人家这个饭馆，起的名字都这么有讲究、有说道、有出处、有典故，至少这几个字是从《中庸》里来的。

我从《易经》里面的豫卦看到"中正"两个字，然后才发现我们中国古代取名取字，名和字之间是有关联的，通常是同义。比如孔子，名丘，字仲尼。"仲"就表示他行二，是第二个孩子，老大应该叫孟。张飞呢，字翼德；那关羽呢，字云长，就觉得这名字起得挺美的。

我们到现在，这个传统都丢了，所以我在2009年以后给自己取了个字，叫求己，意为反求诸己。过一段时间，觉得这还不行，光有名和字，没有号，还得来个号啊！又起个号。人家说，威望到一定程度连号都不称，而是称他的书斋名，所以又鼓捣出一个"井外天书屋"。

往后还有一种，就是说威望再高一点，连书斋名都不称呼，就称呼你的老家城市。那这个我想一想，算了，这个就跟我没啥关系了，这个有点儿——用现在流行的话说——"兄弟你想多了！"

但是我们回过头来看我们自己的文化传统，你有名，是不是还应该取个字啊？就像现在，我们打招呼，我要直接招呼"王海富"（现场听讲同学的名字），听起来就觉得这事不靠谱。这怎么能直呼其名呢？所以在古代，除了母亲和老师，一般是不称名的。你起个字，大家就称呼你的字。

假如王海富在家里面是第二个孩子，我们按照孔子的这种取名方式，我不知道"富"跟什么相关，就说是"财"吧，那就是字"仲财"。但这个字一听，像判案的那个"仲裁"，觉得不合适，那再改一个吧。跟财富有关的还有什么呢？那就想一个比较文雅的字添上去，古代和财富相关的字其实是有个贝壳的"贝"，或者干脆叫"钱"。你说叫"钱"，这太俗了，不行。"金"总可以吧？"银"

也可以吧？有好多，顺着这个思路就出来了。

这是我们取字的一种思路和说法，大家不妨自己回去琢磨琢磨自己的名和字。古代的传统，有些时候这个字是由老师或者是同仁送的，形成了一个文化氛围。比如说电视剧《知否知否应是绿肥红瘦》，里边那个主角叫仲怀。仲怀是他的字吧，他应该是行二。那你看他们彼此之间、朋友之间称呼彼此的字，确实感受上就比直呼其名显得更有礼数一些。

所以"道之不行也，我知之矣"！中国文化在各个方面没有传承和落实很久了，我们应该把它优秀的传统逐渐恢复到生活当中。

过犹不及　亦非中道

"知者过之"，有一些人自以为聪明，但聪明过度，也是不得中道。大家要注意，也就是心智用过了，这也是走向了反面。所以在高等教育几乎普及全民的情况下，我们要防止这个"知者过之"。过了中道，这事做过了，我们经常在生活当中说"这事做过了"；或者是在某种情况下做过度、做过头，包括父母关爱孩子，过度的话，都不合适，那叫溺爱，然后孩子就没有独立的生长空间。

所以这个中道、中庸的至德、至纯、至善的状态，在任何领域里都可以活学活用。比如说，我们建立"中国传统经济学"，我就用了这个词；它不能叫中庸经济学，否则很多人上来就批。我们用"中道经济学"，或者"中和经济学"，这都是在中华优秀传统文化的概念体系当中可以接受的词，误解不那么深，大家也能够理解。

它是一种什么状态呢？它就是"主明下安"的状态。它就是管子在《禁藏篇》里面所说的，"善者势利之在，而民自美安，不推而往，不引而来，不烦不扰，而民自富"的状态，其实就是西方经济学所说的"政府是守夜人"——政府在经济正常运行的情况下，不去干扰市场主体自负盈亏的决策行为、经济行为、商业行为。

那做到这一点，就是《道德经》里面所说的："我无为，而民自化；我好静，而民自正；我无事，而民自富；我无欲，而民自朴"。在引用这四句话的时候，我通常都是和各位同胞说，你把文中的那个"我"换成管理者、换成政府，把那个"民"换成市场。它就变成了政府管理经济、管理市场的中道原则——该你管的你要管，不该你管的你要放手。

即使是父母管孩子也要这样，因为孩子有他自己的天命，有他自己的人生。他要在生活当中去体会，要有他的喜怒哀乐，你不能把他放在一个笼子里面，说父母包打天下，把他的人生包了。否则的话，孩子到后来就可能会产生逆反——那是你的人生，那是你让我考的大学，那是你让我报的专业。好！你让我考清华，我考了。我考上了以后，这个专业不是我喜欢的，我痛苦，那怎么办？管子"贵在不扰"的中道经济学管理理念，同样适用家庭生活，适用父母对孩子的"管教"。

"道之不明也，我知之矣：贤者过之；不肖者不及也。"这跟上面是一样的。你为什么不明道？像我们第一节解释的，知天命、明明德、明心见性，你天天在那不放松地、很紧张地去读诵经文，能真正地理解吗？不能。你一定是处于一个很自在的状态，才能很好地领会经文的意思。经文的真意会在我们的心地、心空、脑海当中自然浮现，但它需要我们有一个中道的状态，不能过于紧张，也不能过于懈怠，才能够得这个道，也就是说才能够真正地明白。

放下手机　专心吃饭

现在我们吃饭，通常都是一边往嘴里放，一边看着这个智能手机，刷着视频；或者是前面有一个手机支架，看着，这也是一道菜。所以为什么现在脾胃出毛病的多呢？就是大多数人身心不合的缘故。开篇我们就给大家论证这个，人在健康的情况下性相不二，身心合一。我们的心就像水一样，灌在我们的身体当中，无一细胞没有心的觉知和作用。可是，如果在需要消化的时候，你把脑子用在其他方面了，这就是身、心分开，是二，不合一。

你知"味"吗？你说我知道啊，我吃的是辣的、是咸的、是酸的。不是指这个味道的味，你仔细读一下，"人莫不饮食也，鲜能知味也"。这个"味"是指什么？所以饭要怎么吃呢？如果要想不得糖尿病，你就要很好地去咀嚼，就别着急，别狼吞虎咽的，要充分消化，至少在嘴里面嚼30多次。有一些食物，可能比较硬，大概真的就需要细嚼慢咽了。

他这个精神大家要领会，不能刻板，那你喝粥还能嚼30多次吗？不这样吧，所以我们要领会这个精神，就是一定要聚精会神。你吃饭时候就是吃饭，老老实实地吃，吃到嘴里面，好好地去体会酸甜苦辣咸，吃下以后有意识地咽下去，想象着我们的脾胃正在进行营养分析，传到身心里面，变成了一个营养的过程，养护我们的身体。

如果你不这么做，食物就没有充分地跟唾液进行混合；咽下去以后，就是前一关要完成的任务没完成，囫囵半片地咽下去了，那胃的负担就增加；胃的消化还消化不了，到小肠内里面分析精微物质的这个结果就不好。所以不好好吃饭，营养就不好，然后还浪费东西，还糟蹋东西，最后呢，脾胃肠道还容易出毛病，整个人身心就不合一。

你一看现在人活的状态，就是一个身心为二的状态。所以今后大家见面，可以不说"你吃了吗？"你可以问他，"你二了吗？"（众笑）要觉得不好听，你就问他"你一了吗？"当然我们这是讲课，讲到这里，像开玩笑似的，真要这么问的话，人家会跟我们急的！"你才二呢！"是吧？

所以我们现在就要校正自己，最起码我现在就是尽可能地告诉自己，有些事除非特别着急需要打电话，否则的话，吃饭的时候就好好吃饭，要看手机的时候，那你就好好看；别一边下楼梯还一边在看，一边过马路还一边在看。

我们现在看大街上很多这样的人，拿着个智能手机，他不是天人合一，他是"人机合一"，而且眼神不用往两边看，就好像自动地就能穿过去，自动地进地铁、出地铁，时间长了，多多少少会对自己身体的各个器官形成负面的影响。我们尽量地不要那样做，因为那不是中道的状态，年轻的时候可能无所谓，等女子三十五岁以后，男子四十岁以后，你年轻时欠下的债、埋下的雷，逐渐地就要给你点颜色看看。那个时候想回过头去改，大概率应该是追悔莫及。

勤学好问　保持谦卑

子曰："道其不行矣夫。"

我当时读到这一段的时候就想，这得多感慨呀！老子说："吾言甚易知，甚易行。"但天下人"天下莫能知，莫能行"。孔子也发出这种感叹：哎！道不行啊！背道而驰。背道而驰，跑得还特别快，拉都拉不回来。

子曰："舜其大知也与！舜好问而好察迩言，隐恶而扬善，执其两端，用其中于民，其斯以为舜乎！"

在写文章的过程当中，我们能感受到，这可能是古代行文的一个特色，就是先感叹，然后举例子。道不行，难道就真不行吗？现在有不行的，以前有没有行的？举出一个例子，大舜就出场了，也是感叹式的。

舜这个人，真是有大智慧啊！然后后面有一个简单的提示，代表舜的品德，他好问。《论语·乡党》记载孔子"入太庙，每事问"。这是什么？那是什么？十万个为什么，保持着一个好奇心，一事不知，儒者之耻，好学，深思。后面《中庸》会提到什么博学啦，审问啦，慎思啦，明辨啦，笃行啦，这些都是需要在生活当中落实的。

他好问也就等于是善于向别人请教了，而我们现在却容易不懂装懂。我在2018年到北大做访学，就有同仁问我：你都出书了，你现在都出来公开讲座了，怎么还跑那儿去做学生？北大现在也不是以前的北大啊？民国的时候才如何如何……那你说我怎么解释啊？

任何地方都有我们学的长处，到北大去学，它会给我们一个什么样的体会呢？如果你在A领域认为自己是个专家，然后你还擅长B，但是到了北大，一定有一个C在两方面全面碾压你。如果因为你已经可以出版一本书了，可以上讲台了，然后就停止学习好问，你不就是故步自封、自以为是吗？那里面的贡高我慢得多高大呀？任何时候，保持谦虚、谦卑、谦诚的态度才能够进步，这是《易经》谦卦告诉我们的。大家仔细读一读《易经》谦卦里面的那个卦辞，为什么这样的人，全天下的人都会帮他？然后你一旦贡高我慢，就像山峰一样，"木秀于林，风必摧之"。那这个秀木是很容易折的。

高人观象　预知时变

"好察迩言"，遐迩闻名，"遐"是远，"迩"是近。他对于身边的情况有敏锐的洞察力，我们现在是不是活得很粗心？这个大家要仔细地想一想，有些人"一叶落而知秋"，就是这个状态。看到有一个场景出现，然后就能断定天下未来的发展方向，这是宋代真实发生的。大家去看邵康节先生的传记，比如说，他看到一种鸟（杜鹃）提前来到这个地方，那说明这个气候发生了变化。为什么发生变化？天时运转之气跟以前不一样了。那他可以推断，过一些年，此地会有兵戈之灾，也就是宋朝的都城要出问题。那他怎么能够提前预断呢？他通过观察气候影响鸟类的活动，这是大自然变化呈现出来的现象特征。

我们假设地球是活的，是一个整体，那么我们就相当于是这个活的整体表面上的一种寄生虫。我们知不知道这个整体的变化？能不能看到一个很微小的变动，然后就去判断地球在天体运行系统当中有什么样的趋势性改变，随后指导我们采取应对措施？在古代这是一种专门的学问，而且我们的先祖是可以做到的。

现在呢，我们要看天气预报；我们的手机也可以提前发出某些地方要有地震的预警，地震波也能够接收得到，这是科学的进步、技术的进步给我们提供的。在古代没这个技术，只能看天象，看自然，然后看自己内在。

这个内在是什么道理呢？古代叫"芥子纳须弥"，外面的整个世界，都在我们这个身心当中有应对、有映照。好了，那怎么去感知呢？你天天被妄念充斥着自己的身心，能感知吗？是感知不到的。这就是我们提出来的一个方法，你能不能静下来，能不能安定地静下来，然后去体会，看看自己发出什么念，然后接收了什么样的信息。

我经常举《封神演义》里面太乙真人在乾元山金光洞打坐的那段描述。大家注意这几个字，什么叫"乾元"？"大哉乾元"，你去看《易经》乾卦的文言，看它的象辞。乾元山这个山在哪儿？为什么叫金光洞？木、火、土、金、水五种动态的功能和属性，它这属于什么？

如果还看不明白，我们还有一个大家认为不是传说的，被称为祖师的真人叫吕洞宾，他有一本《太乙金华宗旨》——好书啊！如假包换，这些老师留下来的经文，那真的是方法之宝，简称"法宝"，你可以好好地去领会一下。看看他用的这个词，怎么就叫"太乙金华"了？然后他在那儿打坐的时候，忽然心下一动。心下面，这不是胃吗？这个地方怎么动的呢？我们对自己的身体内部结构了解吗？对自己内在的组织和系统了解吗？

我们是不是得进行一次资产盘点，看一看我们到底有啥，"盘库"得进行一下吧？然后看看哪些东西是不好的。这个东西时间长了，它会发霉，会烂掉的，要赶紧扫出去。把屋子打扫干净的过程，不就是天人合一的回归过程吗？不就是从人性回归到天性的过程吗？不就是从人命回归到天命的过程吗？不就是纯净内心的过程吗？不就是"时时勤拂拭，莫使惹尘埃"的过程吗？

好了，他心下一动，就知道有事啊。我记得那个上面写他还得掐指算算，真正高明的人是不需要掐指算的，掐指算这个是逗人玩的，或者说是初级的。真正高级的是直接看象，就像现场直播，直接在图像上呈现出来。

古代人怎么有这样的功能和技术呢？再提示大家一下，为什么《黄帝内经》里面经络图不叫经络图，而叫内照图呢？我们自己能照到自己的经络吗？你是把自己的身心状态观察得很清楚，还是里面一塌糊涂，像糨糊一样。为什么长东西？观察得细了，长出来的东西也可以慢慢地消。

隐恶扬善　执两用中

"隐恶而扬善"，这就是修行的方法、中庸的方法、君子之道的方法。我们每天都听到恶和善，怎么做？善的东西，要努力去弘扬，去支持它；恶的东西呢，"任它落地自成灰"算了，我们不再跟它计较。你会发现，你越计较、越说越乱，然后自己的心地又把这些乱的东西重复了一下。

"执其两端，用其中于民"，他对过与不及的情况非常了解，对左与右的观点也了解，对南与北的差异也了解，但是他采取一个中和的状态。因为他后来做天子了，跟天子相对的就是民，所以"用其中于民"，那也就是最合适的，人们的最大公约数，大数定律里面最中间的这一块，符合大多数人的利益。其实也就是符合所有臣民的利益，因为很多极端的人，他自己以为这样做是好的，其实不是。

择乎中庸　弗失之矣

子曰："人皆曰'予知'，驱而纳诸罟擭陷阱之中，而莫之知辟也；人皆曰'予知'，择乎中庸，而不能期月守也。"

现在很多人说，我知道啊，我明白啊，用你说吗？你算老几？你说那玩意儿，还不如我自己说一下。很多人的心态就是这个状况，也就是说在2500年以前，孔子在生活当中也经常碰到这样的人。"你说这些道理，我早就知道！"但是我们作为旁观者，一看他的眼神，就知道他正在滑向一个陷阱和深渊。

前一段时间网上有一个视频，有一位女士非要把钱转出去。警察都到她家里来了，当着她丈夫的面说这是个骗局，但这位女士还是没明白，蹦着脚儿地就要把钱汇出去。她自己觉得她挺聪明的，但是在她丈夫和警察的眼里，这人太倔了，把道理都跟她讲这么清楚了，她还是认为她没有被骗，是"你们耽误我发财"！是那样吗？在别人看来，她是眼睁睁地要落入陷阱，落入别人设计好的杀猪盘，成为那头被杀的猪，然后自己还自以为了不起。

另外一些人说"我知道"，可是从行为上看，你让他按照中庸的状态，就是我们前面论证过的那个纯净、至善、妥帖、恰切、正好和事实相符的那个状态去做，他能做到吗？可能一时做到了，但是能坚持一个月吗？做不到啊。

你看他这个逻辑，一开始说，道不行啊！那总得举个例子说有人能做到吧，好，大舜，大舜做到了，他是"执其两端，用其中于民"，这是举例子。那反面的呢，大多数人说"我知道"，其实他是自以为是，自以为知道，然后滑向深渊，其实是不知道。有一些人偶尔能做到，但也坚持不过一个月。结果下面就来一个能突破一个月以上的，就是孔子的杰出弟子，在唐代被李世民尊为先师的颜回。

子曰："回之为人也：择乎中庸，得一善，则拳拳服膺而弗失之矣。"

这就是我们的榜样，我们今天学会了这一点，那要做，就是"弗失之矣"。我们今天捡到宝，就不要再失去了，不要再扔掉了，你已经上位，就定在圣贤之位上，不要自己再失位了，不要再降志屈节。这样活下去，我们此生成圣成贤有余，别人一身瓦砾，他不肯听教，那是他自己的选择，我们先把自己的问题解决好，然后再回来教化。

中庸虽难　君子必行

子曰："天下国家可均也，爵禄可辞也，白刃可蹈也，中庸不可能也。"

这又来感叹了。天下国家可以均分，他说这是可以做到的。古代的天下是我们古代的那个观念。今天的天下，因为时空观不一样了，我们在太空的角度拍我们自己家园的图片，我们也看到了，也能分，你一块，我一块。我们的意思就是说，世界文明不分大小，都可以交流互鉴。

"爵禄可辞也"，古代的爵位就相当于我们今天的级别待遇，你可能没有实职，但是你有这个待遇。公侯伯子男，公爵是第一，然后是侯爵。我刚才说《知否知否应是绿肥红瘦》，那电视剧里面的顾二就是侯爷、侯爵。公是什么？公卿，那是国家最高的官阶。

在古代人们入仕追求的都是这个，为什么？有待遇，而且可以世袭，嫡长子是可以世袭这个爵位的。只要有这个爵位，国家就给你发俸禄，发待遇，金银、布帛、粮食、土地都会有相应的标准。

"白刃可蹈也"。白刃就是锋利的刀刃，蹈就是踩上去。我们以前看过这个魔术表演，真是光着脚踩在用刀搭的梯子之上，不管是硬气功也好，还是说障眼法也好，反正人家给你表演出来了，就是白刃也是可以踩的。也有一些人，明知道抓上去会出血，但是他依然会抓上去，难不难？痛不痛？恐怖不恐怖？这件事情会要命的，会伤残的，但是也有人敢踏上去。

可是"中庸不可能也"。你让孔子他老人家这一形容，这太难了吧？我们不学了吧？这做不到啊！你说我们学了老半天，你还说《中庸》在第一节就给我们讲完了，一立志，然后我们今天上午就成圣成贤了，现在可倒好，没有希望了！孔子他老人家说，比这三种情况还难呢，你能做到这三种事情，但是中庸都不可能做到，极言那个修为的真正状态。

"江山易改，秉性难移"，他说的是，你真正能达到至善、纯净、圆满的中庸状态，不太可能。他这么说，一方面是说这件事情很难；另一方面，他要激发那些有志的弟子，因为难能可贵呀！白送分的题做出来还得意扬扬的，旁边的同学肯定是嗤之以鼻，但如果你走出考场说，最后一道大题得多少多少，我估计很多人会以崇拜的眼神看着你——我后面三道大题都没做，都来不及，你最后一道题都做出来，而且数听着还好像是对的。

这不就说明难能一定是可贵的吗？我们要把这件事情做到，立志，不要被吓到。即使有国家天下给我们分，我们也不去要，就是这个诱饵相当大，我们也不为所惑，要做到君子那种伟大的境界，我们是可以做到的。

生活当中有好多事情看上去极难，难的就是好像没有可能，干脆放弃吧。网上流传一个小纸条，上面写着"我要做……"，他本来是要写"我要做学霸"，第一次没写出来，那个"霸"不会写；第二次又没写对；第三次，算了，不做了。讲到这，你说我要做中庸之道的这种圣贤。哎，算了，那么难，我还是分天下吧，我还是去弄爵位吧，或者说我还是锻炼一个才能。你这等于是没志向。这也是激将法，我认为可以这样去理解一下孔子说的这句话：即使难，作为儒家弟子传承人也要做到。

孔子论强　意解中庸

接下来这个链接就很有意思。孔门弟子当中，那种天不怕地不怕、连老师都敢怼的，首屈一指的就是子路，动不动就给老师个脸色看，下面就接上了他。

子路问强。

这是很有意思的，为什么不接"颜渊问仁"呢？大家可以体会，就是这个作文，如果不是子思写，而是我们来写，这段话你接什么？这是我们从一开始给大家的那个思路，你看一下，从写作方法上、结构上，如果是我们自己来构造《中庸》这篇作文，我们怎么接？

子曰：南方之强与，北方之强与，抑而强与？

你问强，问的是哪一个强，是南还是北，还是你自己的定义？

宽柔以教，不报无道，南方之强也。君子居之。衽金革，死而不厌，北方之强也。而强者居之。

宽柔，宽是宽容，柔是柔和、柔顺。我们的南方，江南一带，江南水乡，它所构成的那种地理气候、人文景观，是很容易出产这样的教化的。南先生说，古代楚地（现在的南方）出现的大块儿文章，和北方雄强的山水出产的人所写出来的文章相比，风格就是不一样，南方显得柔和细腻，就像"杏花春雨江南"①的那种景色。"江南佳丽地，金陵帝王州。"②"有三秋桂子，十里荷花。羌管弄晴，菱歌泛夜，嬉嬉钓叟莲娃。"③它是这一套景色。那北方呢，"白马西风塞北""朔气传金柝，寒光照铁衣"④。那北方之强就是，"衽金革，死而不厌"上马杀敌，穿着裘皮皮革。

以前东北有三宝——人参、鹿茸、乌拉草。乌拉草，不是北方人好像不太知道。就是那个又厚又笨的那种鞋子，像大棉靴，光有棉靴还不行，它漏风，那北风钻进去也是要命的。所以在没有棉袜子的情况下，真正保暖的、不让脚指头冻掉的就是那个乌拉草，垫进去，柔软，在物质匮乏的情况下，它是一种宝贝。

后来就变了，我上中学的时候，东北三宝已经不用那个乌拉草

---

① 出自元代虞集的《风入松·寄柯敬仲》。
② 出自南朝齐诗人谢朓的《入朝曲》。
③ 出自北宋柳永的《望海潮·东南形胜》。
④ 出自北朝民歌《木兰诗》。

了，也就是我们的物质水准提高了，叫人参、貂皮、鹿茸角。貂皮，是女士特别喜欢的一种奢华的质料，但问题是你看过扒皮的过程吗？它为了那个皮的柔软，是活剥呀！看了以后没法吃、没法穿。人参还可以，它毕竟是植物。那个鹿茸，往下割鹿茸的时候是要流血的，我们都知道，只要有血，它就有感知，含灵气血，它一定会痛。但人为了补，为了穿得美，管它痛不痛，管它死不死。所以人性的伟大，最慈悲也是它，最恶劣、不管其他动物死活的事也是他干出来的，所以升沉穷通祸福谁造的？都是自己造的。

"南方之强也，君子居之。"大家就知道了，君子通常是什么状态。宽柔，不报无道，就是别人对他不好，他也没有一定要杀了对方的报复之心。真正的君子叫仁者无敌，没有这样的对立心，也很难呐！北方这种呢，死了，就死了，"马革裹尸还"①，战死沙场，是军人的本色，他不在乎，所以强者居之。

大家想到了吗，为什么举南北方这两种非常不同的场景、特征、做派、风格？因为我们现在讲的这个主题叫"中庸"，从这个角度去琢磨，孔子他老人家论述的这个起承转合，还有内容的分配，以及子思写文章的时候，把这段话放在这里面的用意。

故君子和而不流，强哉矫。

子路相当于是一个很有个性的弟子，"老师！您回答我，什么叫强？"上来就很冲的那种感觉，它符合这个人的风格。所以大家要脑补这个人的性格画面，仗着剑，风风火火地进来。孔子呢，他是属于长得高大，按照现在的尺寸，身高一米九多一点，山东大汉，"望之

---

① 出自《后汉书·马援传》。

俨然，即之也温"，看上去这个人好像很严肃，不太好接触，但是一接触呢，温良恭俭让。化性了嘛，柔和。

你问到底哪个强呢？然后他就开始说，"君子和而不流"。君子把南、北方的强也可以合起来，但是他并不单一随顺。南方之强，虽然说君子居之，但是他也有一个弱点。你看《易传》，你就知道刚柔相济，这是可以拿来以经解经、证明中庸之道的。打太极拳，有的人打得太硬，就是刚；而有的人柔得没有那个功架，那个弹性没有，也不是中道。就是打出刚柔相济的那种，那个弹性像弹簧一样，这个东西就出来了。所以我推荐大家去网上找武当山的钟云龙道长演示太极拳发力的那个状态，那个就是。

中立而不倚，强哉矫。

保持自己中和之道而不随意偏向任何一方，这是真强啊！

国有道，不变塞焉，强哉矫。

"国有道"是政治清明，物各其用，人行其道，相安无事。它就相当于，上面垂拱而治，底下呢，安居乐业，就像最早的那首反映中国市场管理的诗："日出而作，日入而息；凿井而饮，耕田而食，帝力何有于我哉？"①我干我的，我每天道法自然地生活，渴了喝水，饿了吃饭；你当你的天子，我做我的农人，咱俩互不相干，你的权力是你的权力，跟我什么关系？

所以，一个社会给市场上的小民充分的自由，他要理解这一点，这个精神境界也是很圆满的，自给自足。我在一次直播讲座当中谈过，就是如何定义成功，推来推去，最后我得出一个结论：只要用你

---

① 　出自《击壤歌》，相传为尧时的一首古老歌谣。

的体力或者脑力，做一个正当的获取收入的职业，养活自己，独立自主，自给自足，然后不犯国法，不违反公序良俗，这个人就是圆满的成功。"国有道"就是属于这样的状态，政治清明，风调雨顺，国泰民安。

然后君子之强，强在什么地方？他不变成这种状态的阻塞、阻碍。本来已经好了，然后你出来特立独行，显示你有见解，这是什么？他产生了他自己的障碍。所以大化天下的时候，君子就好像隐没了，"人人尽尧舜"，他不会成为一种阻挡。如果无道的时候呢，他的节操，至死不变，仍然是君子本色。就像《素书》里面所说的，"时至而行，得机而动，能成绝代之功"，扬名天下；如其不遇呢，殁身而已，自我完善，君子自得其乐，观自己的大自在，这才是真正的强啊！那个"强哉矫"，就相当于我们的大老师说，"哎呀！这个才是真正的强啊！"就类似这样的一句感叹。

如其不遇　殁身而已

子曰：素隐行怪，后世有述焉：吾弗为之矣。

有一些人老是挖门盗洞，就好像有很多的好奇心，愿意听小道消息，愿意听奇说异闻，然后自己的行为古怪，特立独行，奇装异服。"后世有述焉"，好像也有被记述下来的，但是我不这么做。孔子没说这事不对，就说他不这么做。

君子遵道而行，半途而废：吾弗能已矣。

接着，孔子又说，君子遵道而行，不应该半途而废，而应该持之以恒，止于至善，一直做到完成。

君子依乎中庸，遁世不见知而不悔。唯圣者能之。

按照纯净、至善、圆满的这个标准要求去做，这是我们立身处世的行为标准。我们这么做的时候，也不发财，也不升官，也不出名，就不被人知。"人不知而不愠"，这是《论语》当中记述孔子说的话。一个人如果自相矛盾，那说明他不通达，否则就是我们记录错了。现在来看，"遁世不见知而不悔"，这显然和"人不知而不愠，不亦君子乎？"是同一境界。这就是"以经解经"的例子，同一个人在不同时间、不同场合说的不同的话，但是境界是一致的，前后是贯通的，文义也是一个。

"唯圣者能之"，只有圣人才能做到这一点。一般的人会怨呢，怨老天不公，怨上级无眼，怨自己怀才不遇。真正的道者、明白人，不做这种事情。"贤人君子，明于盛衰之道，通乎成败之数，审乎治乱之势，达乎去就之理。"①对于天下的兴衰走势很清楚，需要我做，我就出来做，不需要我做，我就自得其乐；需要我做，我尽心尽力，像金庸说的，"大闹一场，潇洒离去"。其实这个"大闹"，就是尽己所能地去施展，不遗余力，全心全意。他做的是什么？为人民服务。"苟利国家生死以，岂因祸福避趋之！"②如果不被人所知，也没有机会施展，总是没有机会，那不是我不能啊，不是我不能做到，而是不给机会。那怎么办？"如其不遇，没身而已。"③就是自得其乐，死了就死了，潇洒自在，不会为此而痛苦，这就是中庸之道，我们现

---

① 出自《素书》。
② 出自清代林则徐的《赴戍登程口占示家人二首》。
③ 出自《素书》。

在能不能做到？

我们一开始就分析了，你烦恼的是什么？对自己境遇不满意的原因是什么？是级别不够高，财富不够多，名声不够大？这就是想多了。那应该恢复到一个什么状态？赶紧盘点自己的库存，把自己现在的生命状态承接下来。我现在还健康着，还活着，已经很好了；而且还有条件出来，专门听一场关于经典的讲座，管他讲好讲坏。这种自由，这种选择的自由，是多么的难得！

中庸之道　广大精微

君子之道，费而隐。夫妇之愚，可以与知焉，及其至也，虽圣人亦有所不知焉。

他接着往下论述君子之道。"君子之道，费而隐。"这句话跟他前面的解释和说法是一致的内涵，就是换了一个角度说中庸多么多么的难、多么多么的不容易。能不能做到呢？有做到的，古代的天子大舜他能做到；现在呢，我的学生颜回能做到。对于普通人来说，做到中庸难到什么程度？几乎像登天一样做不到。但是对于儒者来说，这么难就不做了吗？还是要做。

这样解释下来以后他说，"费而隐"。实际上，中庸可以扩充到全天下，但是又很细微，相当于另外一句话，就是"其大无外，其小无内"。后面还有类似的表达，"致广大而尽精微"，有时它特别高，有时它也可以特别低，反正四面八方全被它笼罩和包围了。

这个"费"大家都知道，就是"用"。我们通常说的这个费用就是已经消耗掉了。花费的东西，消耗的东西，它的作用是什么？它的作用是让我们获得一个东西。所以君子之道相当于是弥纶在我们的世界当中，好像是很明显的存在，你每天都要面对它，都要用它，都要体会它；但它又很隐微，我们好像天天用它，但它到底是什么样呢？似乎又不那么明显，像空气一样。

"夫妇之愚，可以与知焉。"夫妇这个解释有两种，一种解释，就是指夫妇；另一种解释，代指天下的男女。古代的牛人，我们所说的文化人，也不出这两种解释，大家可以慢慢地去体会，你觉得哪一种更合适。这句话的意思就是：即使不聪明、不那么通透的人，对于君子之道也是可以知道一点的。

"及其至也，虽圣人亦有所不知焉。"可是说到那种至善纯净的极致状态，即使是"圣人"也有不知道的。那我们在这里就要特别地提醒大家，这里面所说的"圣人"，就不是唐宋以后所说的那个真正的大圣人——大彻大悟之人。他这个圣人应该是属于还没到最后圆满至善的那个状态，但是已经入了那个初等境界。

打比方说，都叫教授，但是教授也分等；都是博士，博士和博士的水平也分等；都叫大学，也分211、985和"双非"。同样叫圣人，圣人内部也有所指，像《黄帝内经》里面说真人、至人、圣人、贤人，它也是分类的。所以每个人用词的时候，定义的那个真实的状态，也就是它的概念和内涵，我们要首先搞清楚。不要看了一句话就简单地说，哎呀！"圣人"都有不知道的！然后你把这个"圣人"理解成最圆满至善的那个状态，那就变成了不可知论。

我们的智慧都达到了最高的境界，然后竟然还有一块我们不知道，那不就是不可知吗？还是有一块盲区吗？还是有一块我们的智慧达不到的地方吗？那这个智慧就不是至善圆满的，就不是无上正等正觉的。无上正等正觉是我们汉语的说法，要是直译梵文，不就是三藐三菩提吗？这个大家就熟悉了。

夫妇之不肖，可以能行焉，及其至也，虽圣人亦有所不能焉。

前面说知，下面说行，有不知道的，有不能行的，这是两个角度。前一段论述知，即使到了初等圣人的境界，也有不了解的。"夫妇之不肖"，就是说这两口子，或者这种男人和女人，即使有不适当的行为，他们也可以行一点君子之道、中庸之道。可是极致的境界，"虽圣人亦有所不能焉"，这个意思还是我们上面解释的，这个"圣人"不是那种至善圆满的、已经获得无上正等正觉的那个大圣。

体会缺憾　亦是圆满

天地之大也，人犹有所憾。

那当然了，人生哪有那么多如意的事情啊？十有八九是不如意的。天地之大，一定有不圆满的事情，但从逻辑上推，我推出一个悖论：如果没有缺憾，人生怎么能算是圆满？缺憾如果是一种存在的话，你连缺憾都没有，你怎么能算是圆满？可是，既然有了缺憾，那当然就不是圆满。

大家琢磨琢磨，也许对人生当中一些不如意的事情就会豁然冰释，不再计较。就是人生出现这样的状态，恰恰可以让我们圆满，怎么圆满呢？我体会了这种状态，我已经知道了它是怎么一回事，如果它没有出现的话，这一块我就是空缺的，所以我不圆满。所以此缺陷即圆满，此烦恼即菩提。

时间差不多了，上午就到这里，下一讲接着来，谢谢大家。

（三）

当我们安定下来，对照着经文反省自己的过错时，就已经是觉知圆满的了。在本讲，作者提醒我们，要加强对自己身体的体察，提早防治疾病；认为中医培训要以中华医学经典为基础，认为合格的中医首先要精通医理；阐明了修道的真正状态是要亲民，拥有帮助天下的慈悲之心；把"庸德""庸言"解释成"中德""中言"，使经文在逻辑上前后贯通；最后，作者生动形象地讲述了"居易以俟命"的君子状态和"行险以徼幸"的小人状态，告诫同仁要光明磊落，不要心存侥幸。

当下安定　当下圆满

各位同学：

大家好！

我们上一讲讲到"君子之道，费而隐"。然后跟大家说一下，普通的男女夫妇，不管他们智力如何、品性如何，所谓的君子之道，多多少少也能够有所知、有所行。但是到了最纯净、最妙的状态，可能连圣人都有所不知、有所不能行。

这就是在告诉我们：如果有一天，大家感觉到无所不知、无所不能，那就彻底地完成了所谓要觉知、觉醒的任务；在此之前，那就是一个永远明明德、亲民和追求至善的过程，而不要理解成"这努力到啥时候是个头啊！"

换一个角度说，其实当下就可以，当下就安定，你不必要说哪一天我是完善的，这本身就是一个妄念。您想一下，当我们此时此刻对照着经文，想着圣贤语言、反省着自己可能会有的一些过错时，实际上，过去的已经过去，未来的还没来，当下这一念呢，就与圣贤同知，等于与圣贤同行，已经就是觉知圆满的。

我们学习结束以后，回到家里，随类化身。面对父母，我们是子女；面对子女，我们又是父母。以此类推，面对兄弟姐妹，我们也是兄弟姐妹，面对世间的男男女女，我们也是男男女女。所以一下子就平等了，当下就觉悟，当下就圆满，每时每刻都是觉悟圆满的。

那本身这一生就是觉悟圆满，所以不要说，"哎呀！等到临死之前差不多能行"。否则，那你中间这个就好像是一个永远没啥成就、没啥收获、比较痛苦的这么一个过程，所以我们要敢于说我们当下就是圣贤，或者是追求圣贤、志在圣贤的一群学习者、中华优秀传统文化的继承者。

体察自身　防治疾病

故君子语大，天下莫能载焉；语小，天下莫能破焉。

这就是弥纶天地且精微细致。你说它大，没有比它更大的；说它小，没有比它更小的。我们前一讲说过，身体里有一些极细微的地方，一般来说药力很难达到，但是如果我们用心念观照的话，身体里面没有任何一点是观照不到的。我们现在就想，我们的脑壳里有没有一个地方是我们自己的思维照不到的？没有啊。但在现实生活当中，为什么有些人自己闹了一点毛病，却不自知，非得到外面去体检才能够知道呢？就是我们缺少了一个体察的过程。

大家都知道体检，把自己交给一堆机器，看看你有没有毛病。我当年，现在说有十几年了，至少十五年了，突然就想到原来中华优秀传统文化有一套自己给自己体检的观念、措施、方法、窍门，那为什么不慢慢地去学习，照着开始体察一下呢？所以我们学校教职工每年有一次免费体检的机会，我每年都不去。我到北京大学哲学系访学以后才知道，原来楼宇烈老师也十几年不体检了。道理是一样的，不是说对自己不负责，而是说你自己的身体，它运行到什么样的状况，你起码得了解个大概吧。

所以我们就教大家呼吸法，这个呼吸法相当于是让我们体会一下

"心如水"，就像水入杯子，那个心也是。你看看有没有一个组织器官是你的呼吸达不到的；你呼吸达不到，就等于气血过不去；气血过不去，相当于是说你那颗化为气血运行的心灵状态停滞了、凝固了，或者缺位了，所以导致身体某一个地方运行不够正常。然后你不知道。什么时候发现呢？身体开始报警了——我这儿怎么痛？我那儿怎么痒？我那儿为什么麻木？不正常了，反映出来以后去体检了，然后被检查结果吓个半死。

我以前跟大家报告过，现在说快10年了，大连疾病控制中心的一位大姐，她是做领导的，跟我们讲：据她所知，70%的患者都是被吓死的。后来我们读报告，说有相当一部分的疾病是医疗致死的，这不是说有人有意把你置之死地，而是说整个的医疗过程消耗了人的精气神，破坏了人体组织原来的那个运行规则和状态。

当然我们绝不是劝所有人都不要体检，不是这个意思，我们只是提醒大家，你能不能加强对自己身体的体察，然后用每年的体检结果来验证你体察的准确程度。比如，在例行的体检来临之前，你自己静下心来，打坐也好，站桩也好，包括炼宝瓶气也好，你试一下，看看呼吸匀细绵长的程度，有没有组织器官感觉到，那个气息是达不到的？活动活动身体，有没有响？比如说，有些膝盖不好的，它就有那种摩擦的声音，甚至骨节转动的那个声音。正常情况下，我们的身体，你活动的时候，它没有什么声响。如果说，一活动，嘎嘎响，说明这里面有寒气啊，气血瘀滞啊，就出问题了。有了不适的症状也不用恐惧，也不用惊慌。想一下怎么来的？怎么造成的？可以通过自己的改变，把症状再慢慢地化去。

所以"天下莫能破焉"，这个"破"我们解释成分析、解析、了解，你自己看一下自己身体的细微之处，然后就能检查出有没有漏网的地方，就知道自己健康不健康。这是我们借用《中庸》的这句话，提示大家什么叫体会、什么叫体察、什么叫自己对自己负责。

中医培训　则乎经典

我们现在很多人都知道一个所谓的常识，感冒如果不是很严重的话，其实七天可以不药而愈。为什么是七天？大家可以看一下医圣张仲景的论述。寒气入体，首先犯的是太阳经，什么叫太阳？就是我们这个身体有一股阳气，没阳气我们就是无阳纯阴，身体就变成尸体了，就不是活的了。所以寒气外邪，它一定是先跟我们这个场能的那个热能相关联，这就是关口。所以我们外面的这个阳气叫卫气，脉里面的阳气叫营气，这个是讲过的内容。

那防卫的这层气如果被突破，冷气就进来了。最简单的，以呼吸系统来说，刚一有冷气，你容易打喷嚏；打喷嚏都排不出去了，那就容易得上呼吸道感染；然后（寒气）再往里深入，支气管炎；再往里深入就是到大本营了，也就是肺脏。而且肺脏主皮毛，所以当你肺脏被冷气攻陷的时候，全身都不舒服，头如裹棉，就如同湿棉花厚厚地糊在头上面；感觉身体的这个皮肤不是一个通畅的状态，要么发烧，要么打寒战，感冒的症状就出现了。所以高明的医生，在这个时候适度地用药，可以一药而愈，把寒气排出去。

如果太阳经没把寒气排出去，它会往里传，最后六天过去，六经（三条阳经，三条阴经）传遍，第七天重新来。所以感冒如果七天不好，它可能往下绵延一段时间，有可能两周。但这中间也有比较复杂的情况，有直接能透过三阳，直达三阴的这种情况，那说起来就繁复了。

它为什么会有这样的状况，然后每一经出现什么样的症状，用什么样的药，这个规律，已经被医圣揭示得非常清晰。但奇怪的是，为什么现在我们有一些中医还拿不准这个规律？就是理不明，中医的培训不是以中华医学传统经典为宗旨，受了现代所谓科学技术的干扰。你的基础，要么相信西医，要么相信中医，要么中西医结合。中西医怎么结合？理论基础都是不一样的。不是不能结合，但在结合之前，首先要精通这两门医学的理论。

我认为，一个合格的中医，首先要把医圣张仲景揭示出来的"六经传变"的规律搞得清清楚楚，然后可以根据病人的症状，准确地判断现在寒气传到了哪一经，随后通过脉象来诊查确认。通过脉象来确认自己对症状的判断是假不了的，比如头有什么感觉、有没有胃口、畏不畏寒、有没有汗，这几个标准的症状都是列出来的。列出来以后，就给我们一个所谓的标准化的判断模型，那你就可以用药了，那个药方都是张仲景配置好的。所以对于大众来讲，有些医生用药简直神了！为什么一两副下去，或者一副下去，患者就感觉一下子通透了，很少遭罪，很少花钱？胜在理论，这个理论是被医圣揭示清楚了的。

那现在的感觉，即使在中医系统里面，这个理论似乎也失传了。我本身不是学医的，当我看到张仲景的这段论述，看到在《医理真传》中钦安祖师又列出这一段的时候，我就很奇怪，大家在忙乎啥？这种精微的道理，为什么不能为人民服务呢？

明通阴阳　以察世事

《诗》云："鸢飞戾天；鱼跃于渊。"言其上下察也。

这个鸢，普通话叫老鹰，老鹰飞到天上，它发出自己的叫声；鱼从水里面跃出水面，那是一个场景。这里说的是什么？就是向上观察，向下观察。

君子之道，造端乎夫妇。

那可以说是男女、阴阳、天地。我们说了寒气入体对于三阴三阳所造成的影响，那么把它一以贯之，我们一个家庭，男女夫妇面对外在的人事关系，有一件事情进来，夫妇能不能很好地应对，也很关键。

及其至也，察乎天地。

怎么就察乎天地了？因为理是贯通的，"天布五行，以运万类；人禀五常，以有五脏"，如果你了知五行彼此运作的规律，那么心肝脾肺肾运作的机制，你也就清楚了。你自己的身体，你自己通过细微的体察，运用得自如，搞清楚了以后，再向外观，观世间五行运作的规律，那能把世间很多的事情看得清楚；然后再扩大到大自然，所谓天地宇宙。

那反过来，"造端乎夫妇"，你把男女之道想清楚了，是不是天地、阴阳、雌雄的道理就都清楚了？其实，世间所有事物的生成、演化和发展，都可以用这两种属性互相转化、互相依存的道理进行解释，因为"一阴一阳之谓道"，这是《易传》里面说的。

你要明道，明的是什么？两方面不都得明吗？夫妻吵架，你要想劝开，你是不是得先了解了解啥情况，然后看看你是从丈夫那里入手，还是从太太那里入手，对不对？你不能上去就一通乱批，显然得了解阴阳运转的状况，才能够对症下药。

君子之道也是如此，我们前面讲过，这个君子之道就是中庸之道，纯善、纯净、合乎天性；就是大学之道，在明明德，在亲民，在止于至善，在格物致知，在诚意正心，在修身齐家，然后能治国平天下。没有治国的机会，怎么办？你把你家齐了就好了，一世太平；你说我们家就我自己，一人吃饱全家不饿，那你把身修了，不给周围的人、社会、国家添麻烦，也算高人。

真修道者　慈悲亲民

子曰："道不远人。人之为道而远人，不可以为道。"

这相当于第一讲所说的，"道也者，不可须臾离也，可离非道也"。我们已经论证了，当你率性的时候，你已经天人合一，你已经道法自然，你已经认识到自己的天命本性。"何期自性，本自清净；何期自性，本不生灭；何期自性，本自具足；何期自性，本无动摇；何期自性，能生万法。"[1]一切都在你自己的内心当中啊。当你率性的时候，自己的那个明德已经透露出性光，就是本性、人性的光芒、人性的光辉。孟子有一段话，"充实之谓美，充实而有光辉之谓大"[2]。

---

[1]　出自《六祖坛经》。

[2]　出自《孟子·尽心下》。

当你率性的时候，你就是一个中华优秀传统文化意义上的大人了。

"人之为道而远人。"有一些人说，我要修道了，我要穿一个褂子，我要做一个长衫，我要打坐了，我要盘腿了，我要如何如何。本身这些都没毛病，但是你非得把它们与生活分离，弄成二，就有毛病了。你要为道，然后别人瞅你满身道气，像南先生说的，学习佛家的佛里佛气，学习道家的道里道气，学习儒家的被人称为道貌岸然的伪君子。他不是那种温良恭俭让的状态，所以那没有学对。

有一个词叫"和光同尘"，就像我们这一次学习，不管你跟我们一起修学经典几次了，回去呢，尽量地不要说。有人问，那就看对方的层次、阶段、可接受的程度沟通一下；是同道，那就可以谈下去；不是呢，客客气气的，回答了就可以了。尽量地不说，但是我做出来，像《道德经》上所说的"圣人处无为之事，行不言之教"。尤其是对家里，对小孩子，让他们感觉到自己的父亲或者母亲逐渐地变了，变得更加的平和，不再因为一点鸡毛蒜皮的小事就大发雷霆，就怨天尤人，就指责不休，变得越来越宁静，越来越亲切，越来越平和，就是越来越接近自己天然的本性。当然它也不是端着，它是一个活活泼泼很自然的一个状况，这就是"率性"。

所以率性有很多词去形容，或者说有无尽的词去形容，因为它是万德俱备的。当你真做出一个修道的状态，就不会出现与人民群众格格不入的情况，而是要亲民，和这里的"人之为道而远人"可以参照着去解释。如果你只是为了自己修行成就，不管他人如何，这就是古代经典当中定义的"自了汉"。你就是自己解决自己的问题，没有大慈大悲的心理去帮助天下。

我们提倡中国传统经济学，它的目标就是"善财利生，普济天下"。人们根据自己本具的内在德行和他在当下所能够变现的物质财富规模，来帮助他们实现自己当生的目标、去利益自己的人生，达到至善圆满。所以没有一个遗漏，希望每一个人都能对得起自己的人生，对得起自己的祖德，处理好自己的人生财富。

不怕犯错　一改而止

《诗》云："伐柯伐柯，其则不远。"执柯以伐柯，睨而视之，犹以为远。

《大学》和《中庸》里面，大量地引用《诗经》；你要是看《古文观止》，比如读苏东坡的文章，会发现里面也大量地引用《诗经》的内容。这就说明，在我们古代，这些读书人非常看重《诗经》。

"伐柯"，拿着斧子砍这个斧柄；"睨"呢，就是斜着眼看。我给大家讲过一位苏州画家描绘"君子坦荡不斜视，聊借墨镜窥佳人"的幽默，一个坦荡之人的眼神，他看人是平和正常的，你要是偷着看人，就好像贼眉鼠眼了。眼睛是心灵的窗户，本来眼睛正常的人却眼神斜就说明心斜，就说明心地有严重的污染、有严重的妄念。"犹以为远"，那修道越修越远，这个原则是不对的，做法也需要改正。

故君子以人治人，改而止。

君子的做法，"以人治人，改而止"。"止"是《大学》里面"知止定静安虑得"里面的一环，后世被禅宗借用去，叫修"定"的功夫。前面提到了"君子之道，费而隐。夫妇之愚，可以与知焉"，就是普通的愚笨之人也可以知一部分。"及其至也，虽圣人亦有所不知焉。"

达到什么样的程度可以止呢？很简单，改喽！我们说"人非圣贤，孰能无过？"其实圣贤也是有过，只不过圣贤时时刻刻都在反省自己的过错，然后努力修改自己的过错。像在《论语》里面，卫国著名的大夫蘧伯玉派使者看望孔子，孔子问："你家主公在干吗？"使者回答："欲寡其过而不能。"孔子就感叹这才是一个优秀的使者，不辱使命！就是派他来，最能够代表自己主公本人的那种境界。"欲寡其过而不能"，蘧伯玉是年年改过，月月改过，日日改过，行年五十觉前四十九年之非，最终达到了让孔子也很敬佩的地步。

那我们也是这样，我们既然在本性上和古代的圣贤是一致的，他们当年所面临的状况跟我们今天所面临的大体类似，所以每天都要改错。看破这一点，我们反而有超越他们的机会。我们下猛烈心迅速改正，就像千年之暗，随着灯光的打开，一瞬之间没有了，所以不要怕。

你说好久没有做功课了，没关系，当下立定就行；你说上午听了觉得还凑合，中午又不行了。那下午接着改呗！

我们此时此刻还是要立定脚跟，处于灵灵明明的中道状态、纯善无染的状态，定住了。你说又有妄念生出来，没关系，我们不是说过吗？知道妄念的时候，妄念已经被照破了，它已经不会对我们形成伤害了。你念念觉悟，天天做这种游戏，耗子一露头，观照的那个猫就抓住它，就把它吃了，它就没有了。天天这样，到了一定程度，能所双亡，打成一片了，本地光明透露出来。

那祖师有太多的词来形容这种状态，什么知天命啊，明心见性啊，照破河山万朵啊，自性宝珠啊。如果您一下子入道，一下子体证、体会到了，所有这些文字语言全都是啰唆的废话，不需要了。没明白之前，需要文字接我们一下，叫作渡，把你从不明白的此岸，渡到明白的彼岸。那中间真的有河吗？其实没有，他是在打比方。我们现在是一个凡夫，那和圣贤隔着什么？就隔着一层蒙昧，这个蒙昧化去了，不就合二为一了吗？所以不要怕有问题，不要怕有念头，甚至不要怕犯错误，改就是了，"改而止"。

忠恕违道不远。施诸己而不愿，亦勿施于人。

"忠"是诚，对其事尽心；"恕"是宽，是容，对其他人要宽容，因为你自己需要照照镜子，你算老几，老是挑别人的毛病？《论语中》记载"子贡方人"，然后孔子说，你真有闲工夫，"我则不暇"，我没时间去搅和那些杂事，我修自己还来不及呢！所以要宽恕其他人的毛病。

那你说我一时做不到，又发火了，又怨他了，怎么办？立即改正，"改而止"。说来说去，我们每天忙乎些什么？就是你自己在这制造出一个妄念，然后自己却要把它灭掉！为什么说"秋风落叶乱为堆，扫尽还来千百回"？你自己在这玩啊！后来明白了，"一笑罢休闲处坐"，扫帚一扔，往这一坐，拿一杯茶，"任它着地自成灰"，从此天下太平。你爱来就来，爱去就去，"任君来去，守我天朗"。[1]

芸芸众生　皆视己亲

君子之道四，丘未能一焉。

这个"丘"，有注音说读成"某"，是因为丘是圣人的名字，我们秉持礼仪的规则，不能直呼圣人之名，所以读成"某"。他老人家说，君子之道有四个，我一个都做不到。

---

[1] 出自《莲心曲》歌词，作者钟永圣。

所求乎子以事父，未能也；

大家都知道，他母亲应该是十八岁生的孔子，他父亲当时七十多岁，年龄很大。孔子三岁时，父亲就过世，是他母亲把他养大，生活很艰难。《论语》当中，他说他自己："吾少也贱，故多能鄙事。"小孩为了生存，民间乡下的一些个糊口的事情，他都能够干一下。他很遗憾，就是作为子女，没有孝顺父亲的这个机会，刚刚要记事，父亲就走了。所以君子之道中的孝道，他认为他是有亏的，想尽孝，未能啊。

到了后世，我们这么多年解读我们的文化观念，要想补孔子之漏，有没有可能呢？自己父亲过世了，孝道有亏怎么办？能不能补？有的人说，能补的，补的方式就是对你所接触的天下的老人都视之为父母。这就是圣贤境界，一视同仁。

男人面对女人若去邪淫之心，想其"老者如母，长者如姊，少者如妹，幼者如女"。这样，想的全都是自己的亲人，就不生邪念了，这就把自己救了，把对方也救了。那再扩而大之，女人对男人也是一样啊：把老年的当作自己的父亲，把年长的当作兄长，把比自己小的当成弟弟，把更小的当作自己的孩子。这就是举一反三。

然后我们看，如何对待与我们没有血缘关系，没有亲戚关系，没有同学、朋友缘分的陌生人，怎么去想，怎么去扩充自己的心灵，把性德发挥出来。

有教无类　因材施教

所求乎臣以事君，未能也；

这说的是什么状态，他曾经颠沛流离，离开自己的母国，说得好听点叫"周游列国",说得不好听,他自己形容叫"如丧家之犬"。这个话他自己说行,但别人不能拿着他这个话去抨击他。就像我们今天与人相处,人家自谦说些贬低自己的话,你就不能拿过来说他真的是这样。

孔子他老人家离开自己的祖国,在天下推行周礼的理念,所以他想为自己的鲁国国君服务,能做到吗?他不是不想做,而是不给机会啊。我们看史书也介绍过,他是在晚年才回到鲁国,专心从事书籍的校订和没有差别的教育。没有差别就是"来者不拒,去者不留",有教无类,一视同仁,然后又能够做到因材施教。这是教育的最高理想,最高原则。

现在招生规模一扩大就有点乱套。一个导师,一年毕业七八个、十来个学生,光硕士就毕业这么多。有那么多时间指导吗?大家的时间都是有限的,老师自己要完成自己的工作量,他一样要在生活当中面临自己的五伦关系,一样有柴米油盐酱醋茶这些生活的琐事。而现在的教育方式又不像古代那样相对自由,现在是有培养方案、教学大纲,然后有检查制度,还有评审制度,你都得去遵守,都得去了解,几乎把大家就像卡在那里一样。

这样做好处也有:规范,保证了最低的水准也应该是合格的。但是会有杰出的孩子不适合这样,或者是他"吃不饱"。精英的教育,从来都是老师和弟子一对一,一对一打开心灵,然后有什么疑问直接去解决。现在学习技术型的学生,那就是跟老师一块吃、住、实验,或者是学习读文献,长期在一块,才能够形成我们所期望的那种传承,其实是很不容易的。

所求乎弟以事兄，未能也；

史书记载他的兄长孟皮是一个有残疾的人，所以他的父亲在古代那种社会条件下一定要生一个健全儿。具体情况不太清楚，反正他老人家如愿以偿，在年龄很大的时候，来了这么一个孩子。那对孔子来讲，他想对他那位兄长完成悌道也未能做到。

所求乎朋友先施之，未能也。

这个我就不太能理解他具体的遭遇，到底为什么让他感慨：作为朋友，他不能够完成五伦当中的这一道？我读相关历史典籍的时候，发现他是有一些朋友的，那孔子何出此言呢？可能也是一种感叹。我们知道，真正的好朋友，求一知己足矣，那么一个都足矣，就说明找不到知心朋友。你弹琴对方知道你音声里的意义，闻弦音而知雅意，这种朋友太难遇到了。

中德中言　勤勉行之

庸德之行，庸言之谨；有所不足，不敢不勉；

"庸"，有人说它就是平常、普通的意思，后来我们就有一个词叫"平庸"。在现代汉语里面，这个词几乎就是贬义。可是在《中庸》里面，当它成为一个专有名词的时候，我们分析前面的经文，它又代表着我们中华优秀传统文化，尤其是儒学里面最高的一个修行境界，或者说最高的修行境界之一。

那么这个"庸"真的就是普通、平常吗？我们见到的解释，大部分都是如此，可是我表示怀疑。"庸德"并非平庸之德，"庸言"也并非现在人所理解的平庸之言。我们前面用了等量代换的方法，"天命之谓性"，所以"知天命"就是知性，知就是觉，觉就是明白了；明白了本性天性，那就是明心见性了呗，也知道自己这一辈子干啥来的，就是知道了自己的天命。

那我们再代换一下，中庸，中庸，我把"中"拿过来把"庸"替换掉，变成"中德之行，中言之谨"。因为"有所不足"，所以才"不敢不勉"。是不是恰到好处？因为我这么一解释，它才在逻辑上能说得通。因为以前我没看到过像我这种解释的，至少我翻查的那几个版本，都是说"普通的德行，普通的言语"，所以我觉得不对，应该是"中德之行，中言之谨；有所不足，不敢不勉"。

我们从第一讲到现在，分析的就是我们达不到，我们努力，那是一个至高的状态，所以才是"有所不足，不敢不勉"。我们不敢说不去做，虽然它很难，比辞去爵位还要难，比赤足蹈白刃还要难，但是我们仍然要做，就是"不敢不勉"。这不就是上下贯通，以后经解释前经，前经能够印证后经吗？就是经文的语句前后，它应该是逻辑贯通，同一语意。这一点供大家参考。

有余，不敢尽。言顾行，行顾言。君子胡不慥慥尔。

我们说言行一致，不能说一套做一套，作为君子，"胡不慥慥尔"，就是为什么不忠厚诚实呢？为什么不老实一点呢？为什么不闲邪存诚一点呢？他就是这个语气。

素位而行 道法自然

君子素其位而行，不愿乎其外。素富贵，行乎富贵；素贫贱，行乎贫贱；素夷狄，行乎夷狄；素患难，行乎患难。君子无入而不自得焉。

在前面的经文，我们已经介绍到这个意思了。"素富贵，行乎富贵；素贫贱，行乎贫贱；素夷狄，行乎夷狄；素患难，行乎患难。"素男人，行乎男人；素大丈夫，行乎大丈夫；素淑女，行乎淑女；素贤妻，行乎贤妻；素良母，行乎良母。当然后面是我发挥的啊，它不在原文之内，供大家参考。

他说的是四个，但是其意不一定是这样，我们读经文读的时间长了，慢慢地就会体会出什么叫要举一反三。那《论语》当中，子贡和孔子对话，两个人都称赞颜回，然后孔子就感叹，不但你不如他，我也不如他。颜回闻一而知十啊，很聪明。

但是在禅宗里，还有一对师徒，徒弟太聪明了。这就是我们前一讲说的，有些人为什么不明白中庸之道、君子之道，就是因为太聪明了。所以这个香严禅师，有一天实在憋不住了，说："老师你干脆告诉我得了。"他老师就和他说，我现在如果告诉你的话，那有一天你会骂我的。就是这一关，必须自己去悟，这个东西要可以给的话，那老子悟道那一天，天下人都可以悟道，他不会自私的，都给了；那孔子成圣成贤的那一天，天下人也都可以成圣成贤？

那为什么每一个人都要走过一段人生的历程，到某一刻才能变成圣贤呢？就是你自己的那个人生、你自己的那个世界，还得自己了。经典什么作用？把道理传承下来。老师什么作用？把道理说清楚。这些都是辅助的、服务的，关键还要自己行出来，所以素位而行。什么叫素其位？就是你该干吗干吗，在本位上成就，就是我们一再强调的，在此时此刻此生成就。

有些人学着学着，不自觉地搞"不修今生修来世"。那来世在哪呢？你怎么知道一定有来世？你怎么知道来世你一定会比今生获得的人生更好？就算有转世，但中间你的灵魂被老鹰叼走了，不麻烦了吗？最保险的就是当生，此生此世完成任务，别给自己设置障碍。

有些人一听，那多难呢？你想这个话谁说出来的？不就是自己给自己设置障碍吗？听到了，就说明机缘成熟了，那接下去领受不领受，吃不吃这个果子，消化不消化，就是你自己的事情了。即使是你父母，也不能强迫你啊，只能自己走，明白道理，自己把它行出来。而且你得道了，你明白了，你不让周围人明白，不就是自私吗？这自私本身就是一层遮盖啊，就是蒙昧啊。所以机缘成熟的时候，随缘度化，有人问，那你就得答，能明白吗？不能藏着掖着，当然你还得按照对方的根器答。

这在《论语·颜渊》里面体会得太明白了，开篇，几个弟子问仁，你看看孔子怎么回答的。这是因材施教的绝佳典范，每个人的程度不同，所以他跟你说的话是不同的；每个人的脾气秉性不同，知识结构不同，所以老夫子让你要努力的方向也是不同的。这就是当时那一刻，针对这个弟子的答案，他是圆满的。结果我们现在有的学者统计孔子回答了多少不同的"仁"后，说孔子也没说清楚什么是"仁"！这种心智，要想领悟中华优秀传统文化，怎么可能啊？实际上孔子他每一次都说清楚了，每一次都把弟子送到位了，只是我们读的时候没归类。

什么叫归类？就是"颜渊问仁"的那个境界我做不到，那司马牛的这个回答我能不能做到？如果能做到，我就先按照这个做。等我做到了以后，我再往上走的时候，再看给颜渊那个回答我能不能做到，如果能做到，那我跟他合上了，跟他合二为一了。这不就是不断提升吗？都叫圣贤，或者说七十二贤人，他们的等次一样吗？我们前两讲不是说过这个事情吗？及其至也，虽圣人，亦有所不知，亦有所不能，当然这个圣贤境界的定义也是不一样的。

我们在本位上去行，到底怎么行？就是从此时此刻，我在这个家庭所扮演的这个角色上去做，把它做圆满了，你就是圆满的。不要说，这辈子我怎么生成了一个女人呢，我要做男人；或者这辈子我怎么生成个男人呢，我要做女人，宁可做个手术，我也得把性别变了。

我主张道法自然。这不是我自己的主张，这是我从这些经典里读出来的结论。可能会有人抨击，说做男、做女那是人家的自由。大家可能都知道了，今年在德国，通过一项法律，就是做男、做女不需要社会的认定，你自己认为你是男的，你就可以是男的，你自己认为你是女的，你就可以是女的。这个新闻看得我智商不够！他自己觉得他是个女的，他就是女的，那只有女人能进的场合，他就能随便进了？那这个社会是不是乱套了？反过来也一样啊，还有规范吗？所以自由呢，它是有前提和界限的。你自己认为怎样做好，你自己可以去做。但是社会大众的判断标准不能突破，因为你个人的认知，不经过法律就能突破，这是我不能够充分理解的事情。那我们就慢慢地观察，至少有老师说这是一种社会乱象。

君子无入而不自得焉。

这是对这一段进行总结。君子走到哪里，他都"既来之，则安之"，怡然自得，随遇而安。我们能做到吗？想一想，背诵经文容易，实际上把这一句话充分地践行可不容易。正常情况下，我们去好的地方是容易的，人家恭维你，好吃好喝地招待着，那反过来呢，我们能自安、能自得吗？这就是考验了，这就是标准了。"无入而不自得焉"，换句话说，就是到哪他都不惧，到哪他都安泰，到任何地方，入乡随俗，怡然自得，和光同尘，打成一片。

在上不欺　在下不谄

在上位，不陵下；在下位，不援上；

当了官了，长一级，欺负不欺负下属啊？面对自己的领导，有没有谄媚之心、谄媚之态、谄媚的行为呀？按礼数恭敬，这是正常的；用敬语、用敬称，这是正常的。我跟刘力红老师学的，在实际生活中（不包括课堂，课堂上学生对老师用"您"、老师对学生用"你"是礼数），不管对方是男是女，多大年龄，一律称"您"，这么多年形成习惯了。为什么要敬？这要讲起来道理比较深啊。假如人生不是一世，有过去世的话，你怎么知道现在这个小孩子在过去不是你的老师、长辈？如果就看这一世，你怎么知道他将来不会成为值得我们恭敬的伟大人物？

每一个小孩子在襁褓里面，你知道他将来能干吗？可能是全明星，在全明星赛上得几个奖杯；可能是世界足球先生，也可能是弹钢琴弹得特别好，也可能得个诺贝尔奖，也可能把卫星送上天。理论上无所不能，无所不行。像林巧稚那样，她一生大概接生了五万个孩子吧。就可能性来讲，人人本来皆可尧舜，所以都需要敬。

宽人正己　心不外怨

正己而不求于人，则无怨。

我们所有的道理、原则，都是用来修正自己的，不要要求别人。一要求别人就出问题，就出矛盾，夫妻也是这样，父母和子女之间也是这样，都要守礼有度。从这个角度上看，你才知道，当年周公制礼作乐有多么伟大，治理一个国家社会什么是最基础的。

"自古先王建国，君民教学为先"，这是《礼记》当中的话。这就说明，在《礼记》成书以前的人们，他们看历史总结出：古代君王，建立国家，统治人民，首先要设学施教，把人教明白了。按什么教呢？天有天道，那人间呢，有人道。怎么把这个道说清楚呢？要有伦理，要有规矩，要有礼仪。

那人要无礼会怎样？按《诗经》上说，"人而无礼，胡不遄死？"他把破口大骂的事情写成诗，然后你就觉得骂人不带脏字。但后面就直接下咒语：你怎么不早点死呢？都到了这种程度！就是如果人没有礼仪、没有礼貌，是招人恨的，所以我们要恪守一个原则，不要把自己的标准强加于人，包括自己的孩子。夫妻之间也是这样，互相包容。

"则无怨"，这说得太明白了，就是你能做到这一点，就会无怨；否则的话，就怨人嘛，矛盾就出来了。你管我呢？用你管？有一种说法，"管人就是地狱"。你管人你就下地狱了！为什么？生气上火着急嘛，人家还不听管，不是下地狱遭罪吗？

上不怨天，下不尤人。

这是中华优秀传统文化的经典名言，妇孺皆知。跟大家说，怨天的时候，损伤自己的福德，你说天在哪儿呢？天在我们身上。我们引用《内经》的话，"天之在我者德也，地之在我者气也。德流气薄而生者也。故生之来谓之精，两精相抟谓之神，随神往来者谓之魂，并精而出入者谓之魄。"精神魂魄，他给你指出得一清二楚。后面还有，"所以任物者谓之心"，就是我们上午帮大家找的那个心。"任物"就是处理世间的所有事情，都在心地上，都由心来安排，那一段写得非常清楚。

这个"尤"和"怨"可以做互文来看，都是指抱怨的意思。上不抱怨天，下不抱怨人，那中间呢？医圣写过，"怪当今居世之士，曾不留神医药，精究方术，上以疗君亲之疾，下以救贫贱之厄，中以保身长全"。中间我们找出来了吧，谁的身？你自己的嘛。那上不怨天，下不尤人，中间你自己怎么办？中空，不住心而生心，生一个觉悟之心。

怨妄之心——怨心与妄心生出来，那都是耗子。你的猫哪儿去了？立即扑上去，吃掉，怨妄之心就没有了，然后本觉灵光独耀。有一天你突然发觉"月明帘下转身难"，你自己生出来的这个猫也是一个妄念，因为你要有东西去抓，这就二了嘛，已经从"喜怒哀乐之未发"的那个"中"、那个"大本"里面生出了一个东西来！"道生一，一生二"，有一之后，一定是有二的，所以这就是人天分离。你分离出来了之后赶紧回去，一念之间又恢复到平静。《道德经》所言，"归根曰静，静曰复命"。

居易俟命　莫存侥幸

故君子居易以俟命，小人行险以徼幸。

上面分析完，结论又来了。我们上午说豫卦，"珞珞如石"有耿介的特征；"中也，正也"，所以发现叫介石，字中正，也是有典籍来源的。

再一看，唐代的大诗人白居易，字乐天，为什么叫乐天呢？"居易以俟命""天命之谓性，率性之谓道"，人家率性啊，道法自然哪，回归天性啊，回归本性啊！"君子居南方之强"，居在何处？居在易处，那"易"不是变化吗？就是随缘度化，无住生心哪。

居易是什么，你以为真住在那儿了？不是。随缘应化，物来则应，过去不留啊，清楚了吗？白居易，白居易，居在上面也是白居的，他实际上没居，是如如不动的那种川流不息，物来则应，过去不留，过去心不可得，现在心不可得，未来心也不可得。

所以"白居易"三个字本身就是一个禅机！你得悟一下。然后他字乐天，从哪里来的？你得结合《论语》啊，《大学》之道啊，《中庸》之道啊，以经解经你才能搞清楚为什么人家取名字取得这么有水准。

"居易以俟命"，这个状态就相当于随遇而安，"君子无入而不自得焉"，在任何地方"以俟命"。"俟"是等待，你爱来就来，爱走就走，"任君来去，守我天朗"。有变化，那世界哪有不变化的？任你变化，我就居住在你这个变化当中——太潇洒了！好像是一苇渡江，随波漂荡；又如"蚂蟥叮上鹭鸶脚，你上天来我上天"，随缘自在，随着世间的变化过自己的人生。所以"居易俟命"，大家不妨写成中堂，挂在自己的书房，提醒自己。

"小人行险以徼幸"，与君子相对，他们不明白、做不到，自以为聪明，自以为是。孔子说："人皆曰'予知'，驱而纳诸罟擭陷阱之中，而莫之知辟也。"这句还记得吗？我们上午讲过的，当时我把"予知"解释成了"我知道"。实际上还有一种解释，那个"予知"的"知"是智慧的"智"，就是那些人说"我聪明"，自以为聪明。如果按照这种解释，那真的就是大言不惭：我是有智慧的人——予智，可是在别人看来，已经中了圈套还不知道。结果他所做的事情都是"行险以徼幸"，一旦被抓就认为自己很倒霉。

这就是那些蒙昧之人在贪腐的道路上前赴后继的理由。他不明白，因而不是个高人。真正的高人，一定像小品里说的那样，到最终人要走的时候，不说家徒四壁，起码钱财都花得差不多了，了无牵挂。

修行人是什么样的？了无牵挂，然后所有的物品物件，随身携带就可以了，自己到哪儿，家就到哪儿，没有多余的，一身轻松。不像我们现在，房子要越买越大，越建越大，装修越来越豪华，多大的屋都能摆满。给我多大的屋，里面都是乱七八糟的，充满着各种书。每次下决心，这次放假我一定要把它收拾利索，努力了一两个小时以后，唉！先歇会再说。然后它还是堆在那里，看到好书还要买进来。这是"居易以俟命"吗？不知道，但肯定不算"行险以徼幸"。

真正明白以后，防微杜渐。所以我们要记住苏轼那句话，"天地之间，物各有主，苟非吾之所有，虽一毫而莫取"。那你就坦荡了，做到这一点，你才能"居易以俟命"啊。像"小人行险以徼幸"，拿了不该拿的以后，他不是"居易以俟命"，他是居志忑以俟手铐！

举一个例子，是某市的一个商业银行的行长、董事长。当时查到他有问题的资金是一千二百万。然后纪委的同志在和他谈话的时候说，"那你收入多少啊？"他说，他和他妻子的合法收入一年是四百多万。这事好像十几年前了吧，这对我来讲是天文数字啊，大家听完之后是不是就觉得，太没必要了，对吧？一千二百万，那就只是他和夫人三年的合法收入。当然，他这个收入也把我们纪委的同志吓一跳，就觉得搞错了吧。然后专门打电话问他这个银行。纪委的同志问："这个真实的收入有这么高吗？"那边的同志回答说："他说少了，还不止这些。"然后回过头来又问他，那意思就是你缺这一千二百万吗？没有这一千二百万，你的生活受影响吗？他说，完全不受影响！根本就没必要！这就是因为自己根本就用不着的，也没必要的一些身外之物，把自己送进了牢狱，然后后半生得在牢房里面待着。

你说他是"行险以徼幸"？好像还不完全是。有些人可能是觉得我钱不够用，我得多弄一点，可能是这种心思。这不缺钱的人，他堆积那么多现金有什么用呢？摆在客厅里面看，发呆看，就有这样的喜好？

所以我们要及时地去反省，是不是要得过多了？有没有必要？就包括我们正常的吃穿住行，从吃上讲，现在的生活条件真的就是好，吃之前都想今天得吃点啥呢，有点费心思。不像以前，大饼子能吃上就不错了！能有个菜，那东北话说"造得老香了！"穿呢，变着花样地穿，是不是过分？住呢，我们刚才说这房子越住越大，越买越大，越造越大，然后最后好几个地方，甚至好几栋别墅。那别墅是给谁买的呢？给他聘请的那个打理卫生的人买的。你请人住，你还得给人付钱，结果自己疲惫不堪，一年也住不了几次，完全不是"居易以俟命"，而是居贪以俟妄命，把自己搭进去。

再举个例子，就谈夫妻之间。比如说，有一些人在外面胡搞，那得瞒着自己家的那一位嘛。然后这个手机，可千万不能给自己的太太或丈夫看，不管男女，那个人的名字你不能是真的，是吧？反正不能显示出让人怀疑敏感的信息。这个例子里面，丈夫把外遇女子的电话命名为"中国移动"，万一来电被妻子看见，绝对不会想到这是"小三"的电话。里面的对话和图片还得经常删一下，接的时候又不能大大方方正常地接。这和那个把现金从外地运回来的，在本质上有什么区别？他只不过就是用在了不同的方式上。

你在行险的时候以为可以不被发现，但是你想没想过，其实我们每一个人都在这天地之间展现出来，你觉得无人知晓，可是你只要活在这个世间，就是一个呈现。你只要呈现，它就有记录，有人要查，它就一定能查到。所以中国文化从古到今得出一个结论，或者给出一个警告："若要人不知，除非己莫为。"

如果做错了，第一时间承认错误，去忏悔。"忏"呢，是对以前做过的事情表示认错；"忏"是千心，千心它不是那个生心（性）哪，就不是本性啊，人有一千个心，那是什么心呢？乱七八糟啊。悔呢，就是往后每一个心不再乱七八糟，那是真的。所以立志以后，以前的错误尽可能地少犯，乃至不犯，是不是干净了？心地上是不是不再落灰尘了？不再受严重的熏染，时间长了，越来越干净，越来越纯净，我们就越来越接近于本性纯净光明的那个状态，就很自然。

下课休息十分钟，我们再来。

（四）

当我们的行为得不到预期效果时，我们最应该做的就是反过来检查自己，这就是"射有不中，反求诸身"。在本讲中，作者阐释了夫妇有道是家庭和睦的关键；说明了古代设置采诗官采风是为了体察民情，上达天听；当我们在祭奠先祖神灵时，要毕恭毕敬，好像他们就在眼前；论证了"天之生物，因材而笃"，指出我们所经历的一切都是我们的心识变现；最后，作者希望大家一起印证"大德者必受其命"，并告诉我们笃行三年，可见成效。

射有不中　反求诸身

各位同学：

大家好！我们开始《中庸》第四讲的学习。

子曰："射有似乎君子。失诸正鹄，反求诸其身。"

你看这句话的引用，我们下面的解释，好像就需要这句话，然后子思先生就给送上来了。因为他是孔子的孙子，所以他的记录让我们更加相信是他的家传。

在古代，礼、乐、射、御、书、数，这是君子六艺，就像我们现在说要进行素质教育，全面发展。那其中这一项射箭，就有点像做君子，它们有相类似的地方，这就是旁通了，这就是贯通了，这就是类比了。如果一箭射出去，没射中靶心，你是怨靶心放错地方了吗？显然不是。然后你怨弓不对、箭不对，是这样吗？当然有可能，比如说有做手脚的，把箭的羽毛拔出一根，让它的平衡性受到影响，或者箭杆不是直的。总之，在箭上要是做手脚的话，它改变了箭射出去之后的那个路线，那当然就容易射不中。

但最关键的因素还是射箭的人。我们比射箭，比的是什么？比的就是你自己的稳定性、准头，这是千百次训练练出来的。所以"失诸正鹄"，没射中，要"反求诸其身"，就是反求诸己，思考一下是不是自己练得不对，功夫不到。像我们拿毛笔写字，同样的纸和笔，放在王羲之手上精彩绝伦，那为什么放在我们手上就不行了呢？

这就是个语言公式，你把射箭的"射"换成书法的"书"，它就变成"书有似乎君子。失诸神品，反求诸其身"。意思就是你没写出来那么好的作品，求谁？不是跪下来求毛笔，说"毛笔啊，你给我写得好一点吧！"不是那个道理，而是拿着那个毛笔的人，他是不是能够心身合一、身手两忘，然后达到最自如的状态？这里面有天赋、有审美，有功夫，天时地利人和都具备，才能写出一幅精彩绝伦的神品。那把"射"字再换别的字，换成世间我们能想到的各行各业的技能，道理是不是也是如此？最终都求到谁身上？都求到我们自己身上。

行远自迩　登高自卑

君子之道，辟如行远必自迩，辟如登高必自卑。

这也是煊赫有名的名句，"行远自迩，登高自卑"，原来出自这里。通过这一段话，我们又加深了对"赋、比、兴"手法的理解。在论述一种理论和道理的时候，高明的做法通常就是打比方。

我们如果走得远了、看得多了之后，反观自己就知道了自己的不足，所谓见多识广。所以有人说，"读万卷书不如行万里路，行万里路不如阅人无数"，就是强调要跟活人接触。因为每一个人都是有故事的人，都是有背景的人，都是有他自己的知识结构和见解的人。有些人呢，一见面，话不投机半句多，终生不要再见；有一些人呢，相见恨晚，一见如故，可以促膝长谈、秉烛夜谈，三天三夜好像谈不够。为什么是这样？"性相近，习相远。"习相远的呢，就拉倒了；性相近的呢，就越容易"物以类聚，人以群分"，凑到一块。

"登高自卑"和"行远自迩"同一道理，就像我们前面论述的，它就像互文一样。那我们能不能把它再进行语言公式一样的推广呢？比如说，"读多必自惭"，书读多了，自己就惭愧了。所以这也是一个语言公式，大家可以依此类推。

夫妇有道　家和且睦

《诗》曰："妻子好合，如鼓瑟琴。兄弟既翕，和乐且耽。宜尔室家，乐尔妻帑。"

这个琴据说是伏羲时期发明的，距今八千多年。琴与瑟，古代的两种乐器，这是合奏了；"妻子好合"，妻子就是妻和子。这个子，包括男子和女子。一家人好合是什么状态？家庭温馨，像弹琴鼓瑟一样和谐美满。

妻和子，指的是在你自己的家中，我们说自己的小家庭；兄弟呢，是自己外面悌道这一圈。当整个五伦关系都处于和谐的状态的时候，家庭的运行状态就是属于和顺的状态，不发生矛盾。

引用完《诗》这句话，接着就是孔子的结论：

子曰："父母其顺矣乎。"

怎么才能使家庭和睦？父母是不是得有一个示范？他本身就是一个和睦的榜样，然后对孩子来讲，他才形成一个深刻的印象。我记得好像有人写文章来介绍，不太清楚有多大的代表性，就是说，如果父母离异，通常会对他们的孩子在选择婚姻的问题上造成一定的困扰，因为他会恐惧，会害怕重复自己父母的这个状况。一个人过得挺好，那两个人就得吵架，如果吵得厉害，劳燕分飞，甚至反目成仇，这就会增加他们的孩子对婚姻的恐惧。如果父母非常和谐，恩爱一辈子，那对孩子来讲，他就会觉得婚姻这个事情是非常温馨的，是值得期待的。

我们修学中国文化，对这一点要特别的留意，因为"君子之道，造端乎夫妇；及其至也，察乎天地"。这一点非常重要，家和万事兴，道呢，也就在家中。我们已经论证过了，率性即道，我们本身与道合一，它不可能分离，离了也就没有我们了，也就没有生命了，无从谈起。那两个有道之人结合在一块，岂不是和乐且耽、家庭和睦、家和万事兴，然后天清地明，最后有好的子孙繁衍出来。"寻忠臣于孝子之门"，整个社会因为你自己的品行修养，然后能够和谐；因为你自己的修行，让全天下受益。这就是印光大师所说，能够教育好孩子、能够和谐家庭关系就是隐形的功德。别人看不见你做了哪一些忍辱的功夫、哪一些诚意正心的改进，但是社会少了麻烦。

如果说，民政局那里天天接待离婚的，需要加班加点，那这个社会能好吗？当然，策略性离婚的除外。我听说，为了分房子啊，待遇呀，很多人假离婚。但也有一些人，借助假离婚来实现真离婚的目的，就是世间什么事情都有。总之，只要不真诚，都会给自己的性德带来伤害，并最终会在生命当中体现出来，在生活当中体现出来。

生活呢，也可以这么理解：把前面的那个"射"置换成"生活"，变成"生活有似乎君子，失诸正鹄，反求诸其身"。"反求诸己"就是这么来的，不能向外怨，"上不怨天，下不尤人"，中间也不怨自己；有错即改，改即止，知止而后有定，定下来以后就能生慧，生慧就有解决的办法，你就可以让自己的生活向良性转化。这就是学习经典的意义，学习文化的意义，受教的意义。

灵明之德　其盛矣乎

子曰："鬼神之为德，其盛矣乎。"

突然转到这里来了，我们前面还做假设呢，有前世吗？不知道，今生是有。有来世吗？不知道，我们还没去。那这里面谈到了"鬼神之为德，其盛矣乎"，这就是文言的好处，你读得多了，都能把当时的那个情境语气表演出来，好像老夫子十分感叹，"哎呀！他们太有德行了！"

视之而弗见；听之而弗闻；体物而不可遗。使天下之人，齐明盛服，以承祭祀。洋洋乎，如在其上，如在其左右。

"视之而弗见；听之而弗闻；体物而不可遗。"这东西就奇怪了，好像是没有啊，你看不见它，也抓不着它，然后它能够"使天下之人，齐明盛服"。

"齐"是斋的通假字，斋戒的斋。读古书我们多次强调，上次讲座的时候也说过，有些古字容易缺偏旁。比如纹路的纹（文），在古代它没有绞丝旁；帝鸿氏，在原文里面我们看到的是帝江氏；价值几何的值，它没有单立人，就是直接的直；结婚的婚没有女字旁，以此类推，这种现象太多了。所以读古字，如果读不明白，你就试着往上填一个偏旁去理解一下，填着填着，豁然开朗。

孔子感叹，居然有这么一种状态或者现象，听不见，摸不着，看不见，然后天下之人都得郑重其事地吃斋、穿好的服装去祭祀它。"洋洋乎，如在其上"，什么叫"洋洋乎"呢？现在有个成语叫"洋洋得意"，这你就知道了，就好像摆一个架子在那上面。你看老夫子这个形容，他是写作文的高手啊。如果换在今天，他用的动词、他用的形容词、他用的这种排比的句式，那都是天下第一等文字般若的功夫。

"如在其左右"，这就是《论语》里面记载的"祭如在"①的表达了。你看不见他，仿佛他就在你身边，很多人一想起来，岂不毛骨悚然？

酒能乱性　亦可入药

中国古代祭奠，有条件的一定是要用酒的。从中国国家博物馆里令人叹为观止的各类青铜酒器上，可以想象当时饮酒多么盛行。这里给大家捎带说一下，酒在戒律里面不是性戒，但它是杀、盗、淫、妄、酒五重戒之一。为什么呢？因为它容易使人乱性，有些人不胜酒力，喝多了之后会现原形的。这个现原形，而是指有些人喝大了以后耍酒疯，闹事，然后丑态百出。对于我们学习中华经典文化的人来讲，礼仪三百，威仪三千。这些老师是告诉你，不要当众出丑，你没有弯弯肚子，就不要吞镰刀头，没那个酒量，你就不要喝。

南先生说，郑玄取得的成就比他的老师马融还要好，所以大家就很称赞他，这让他的老师很没面子。正常情况下，我们说"师不必贤于弟子，弟子不必不如师"。有弟子"青出于蓝而胜于蓝"，老师高兴还来不及。但是你碰上那种心胸狭窄的学人就没办法了，他就嫉妒

①　出自《论语·八佾》。

这个弟子。所以他的老师就想趁着一次送行的机会，把郑玄灌醉，然后杀掉。

结果郑玄呢，喝了三百杯。当然不是现在的高度白酒，古代的那种酒有点像米酒，度数不高。但它也是酒啊，喝三百杯也是很了不起的记录，如果在今天要直播的话，也会成为网红的，太能喝了。他把所有要灌醉他的人全部放倒了，全身而退。

南先生说，如果每一个人都具备这个能力，三百杯不醉，那当年就不会有酒戒，因为也不耽误事，有那个量你就喝去呗，但大多数人没这个量。没有那个量，喝大了怎么办？遭罪呀，"喝坏了党风，喝坏了胃"，这不是民间的俗语吗？所以党的十八大以后，我们有"八项规定"，有禁酒令，一举把这股歪风就刹住了。

我们理解这件事情以后，是不是一点儿酒都不碰呢？不一定。我还是给大家讲故事啊。2014年我们请几位老师，包括刘力红老师到大连去做讲座，在大连海事大学的体育馆。讲完了以后，中午送行，当时我们大连的一位企业家朋友问刘老师："喝点什么酒啊？"我是属于那种嘴快的，我说："刘老师受了酒戒，他不喝酒。"然后刘老师在那慢悠悠地说："来杯啤酒吧。"我当时就蒙了！

前几天，一位演唱古典歌曲的好朋友到我们那里去，我说请她吃素食，在海边一个素的比萨店，结果她说给我来个肘子。原来是因为感觉身体不舒服，去化验，也没啥毛病，医生看了化验结果就说："是长期吃素吧？"身体缺维生素B_{12}，以后吃点肉类食物。

现在，很多吃素食的同仁都很困惑这一点：你说吃呢，吃不下；不吃呢，好像缺这种元素。其实素食是有益的，但我们现在的这个食物本身出了问题，它不再是天然那种补益人的食物，有太多的化肥、农药、激素，就破坏了我们原来吃素斋就可以满足身体营养的环境。有些谷物也可以用来补充素食者的营养，但目前这个事情就变得稍微有点复杂了，我们不深说。

我们回过来再看这个医生的忠告：你要想健康，你得适当地补充一点肉类食品。那这个时候，她吃肉是不是就相当于吃药了？

那刘老师来了一句"来杯啤酒"，这是啥意思？这个故事呢，我讲过不止一次了，大家可能听说过。刘老师讲，法国有个人要办中医诊所，取名"杵针诊所"。刘老师听到"杵针"这个名字就问，为什么叫这个名字？他就说，中医很难，你们本国人都不一定学得明白，那我们外国人，更得拿出"铁杵磨成针"的精神，才能学得好。这句话感动了刘老师，所以他就去了法国。然后对方在巴黎塞纳河畔的一个比较幽静的酒馆里面招待他，还请了一位作陪的人士，她是南怀瑾先生的法国女弟子戴思博。法国盛产红酒，所以就倒上红酒嘛，刘老师就说："受过酒戒，不能喝。"结果这位禅宗大师的弟子指着酒杯说："当药喝！"刘老师是中医，他当然知道里面这个禅机的意蕴，那就端起来吧，戒，就这样开了。所以在特殊的场合，刘老师为了照顾大家的感受，他也喝一杯。像我们中国传统经济学首届年会胜利召开，晚饭时庆祝气氛热烈，我记得刘老师也是尝了一小杯，意思一下。生活中总有一些特殊的情况，所以守戒也不是一成不变的。

那大家要理解他制定这个规则的本意，或者说把它放大，国家制定法律的本意到底是什么？像我们看《第二十条》，这部电影就在探讨，难道我们的法律就不能保护那些出于自己正当的生命利益所做出的反抗行动吗？因为对方有恶意危害在先，那我们进行正当防卫，就不被法律保护吗？虽然在细节上，它有很多争论，但是这个电影让我们看到了，什么是真正的法律精神，如何在执行法律过程当中考虑到世间道德因素的作用、正义的作用。这才是符合事实本身的规则。

那其他四戒杀、盗、淫、妄，都属于本性之戒。我们今天学习《中庸》这本经典，一开篇大家就知道了，原来伤害本性是最严重的事情，那是从根上伤了。如果我们的本心受伤了，本性受伤了，那么它的后果是比较严重的，所以这些戒律尽可能地不去犯，要遵守。这是讲到戒律这个事情，跟大家说一下。

集诗采风　体察民情

《诗》曰："神之格思，不可度思，矧可射思？"

这又是引用《诗经》。通过对儒家经典的学习，我们就发现，《诗经》是我们绕不开的一部经典。我们学习文学常识，说《诗经》是通过采风，收集民间人士所作的诗而成。但真的是这样吗？就算是民间人士所写，我认为他也是隐藏在民间的高人。

你想啊，那诗里面蕴含着最深邃的道理和思想，然后他能用如此洁净的带有韵律性的语言给你表现出来，这是没受过教育、只会干农活的田间农夫所能做到的吗？我们今天在座的同仁，大部分都受过高等教育，有几个敢举手说，我会作诗？可不是凑七个字就是格律诗，也不是四个字一句的就能列入《诗经》，它里面需要韵律、平仄、格式、用典，需要那种高度的智慧和技巧，没有专门的训练，很难写出合格的诗作来。

通过这些经典我们发现，被我们现在奉为经典的作品，大量地引用《诗经》里面的内容。那诗是什么人做的？我的体会，应该至少有以下几种情况：

第一，古代的圣贤；

第二，古代的悟道者；

第三，古代圣贤、悟道者，但是以隐士形态隐藏在民间。

在古代，更容易隐藏在民间，高人作诗以后，他的诗可能是被人传唱了，然后被采诗官采到了，国风就是这样来的。

什么叫采风？因为这些作品像风一样。为什么叫风？天子、诸侯王施政，他会有倾向性、有政策的目的，它就像风行草上，风来草掩，风从东面来，草顺着就往西倒下去，反过来也一样。所以从风的作用就能看得出来，你这流行的是什么风，就知道你这一片土地遵循的是什么样的人文教化。

那为什么要派出采诗官呢？就是通过民间歌唱的诗，能反映出老百姓现在崇尚什么、喜欢什么、正在做什么，所以诗是活生生的人的心态。就像我们现在说流行音乐，有一段时间，流行卡拉OK。在那段时间，表达着一个时代的男女情绪、情感的作品，传遍了大街小巷。"这一条街听过去，你能把不同的音像店放的同一首曲子完整地听完一遍。"这是台湾的一个歌手说的。这反映了当时这一时代最流行的一个要素，所以通过采诗官采到的作品，天子、诸侯王就能够知道下面的子民正在过一个什么样的生活。比如，如果领导人听到"硕鼠硕鼠，无食我黍"，就知道底下有人开始聚集粮食，可能有人正在兼并土地，百姓因失去自己的土地而有怨言了。所以不同的国风反映了不同的政治、不同的社会生活状况，它有这样的一个伟大的作用。

恭奉祭祖　敬如其在

上面说的是孔子盛赞灵明之德，底下引用的就是"神之格思，不可度思，矧可射思？"那个"矧"有"何况，况且"的意思，还可以表示"也"。

夫微之显。诚之不可掩，如此夫。

刚才我们说过《道德经》上的那句话，"搏之不得，名曰微"。"微"是啥？抓不着，也看不见。"夫微之显"，把这个东西显化出来，怎么做到的？本来这个东西是看不见、听不着、抓不住的，你怎么显现了它的存在呢？谁来做"显微"的这个工作呢？我们活人。活人煞有介事的，"祭如在"吗，好像他真的就在一样，庄严肃穆。我们又吃斋，又穿礼服，又磕头，又奏乐，然后还得唱诗写赋去歌颂，去沟通。没有一定的修为，没有一定的资格，你还没这个权利去跟它沟通，能让你磕头就不错了。

"夫微之显"，真的是不可掩盖啊，到如此地步。这是子思引用孔子和《诗经》的语言，来向我们表达君子之道、中庸之道。但是我们想过没有？前面谈家还可以，君子自然是要有齐家的修为，可是后面怎么又谈到鬼神呢？就是因为君子也是人，他也要面临着先祖，也要面临着山川大地、古代所认为的神灵，那怎么对待他们呢？君子就是这样对待他们的。

子曰："舜其大孝也与！德为圣人，尊为天子，富有四海之内。宗庙飨之，子孙保之。"

这又提到舜了，前面提到舜，说他是"执其两端，用其中于民"；说他好问，喜欢学习，喜欢调查研究，而且好察迩言、隐恶扬善，这些是他的优点。现在是称赞他的孝德，这也是性德。

他在这里出现就很有意思了。前面谈的是鬼神的盛德，我们看不见，但是全天下人都祭祀。那谁能做到，使全天下人像祭祀鬼神一样去祭拜他呢？古代的观念，你活着的时候是世间人，走了以后可能上天成为天神。不管是天神还是地神，都是鬼神之一，都具有盛德，所以引出来大孝之舜。

"德为圣人"，这是评价；"尊为天子"，这是他的地位；"富有四海之内"，这是他的财富。"宗庙飨之。"什么叫配享太牢、配享太庙啊？后代的子孙们都要对圣贤祖先有一个礼仪的祭祀。"子孙保之"，也就是《了凡四训》里面说的那个道理——"有百世之德者，必有百世之子孙保之"，就是他家里面代代有好的子孙，把他们的家风祖德传承下去。

我们学习不是为了做表面功夫，而是为了让我们自己成圣成贤，对不对？那说到这里，我们虽然没有富有四海，没被尊为天子，但我们可不可以学他的"德为圣人"？我们可以追几步吧。我们不至于说有"宗庙飨之"，但是我们的所作所为，可以让我们的后世子孙因为拥有我们这样的先祖而感到自豪吧？这是我们可以做到的——不管多少代的子孙，提起我们这一世所做的事情，都能够很开心自豪地说："那是我的先祖！"

大家听到过别人说"我是秦桧的后人"吗？听到过有人说"我是和珅的后人"吗？没有吧。现在不是流行当网红，说黑红也是红吗？但真的是这样吗？不是。我们现在已经开始有了辨别黑白的这种判断。有一位在成都太古街出名的女士开直播，刚开没多久就关闭了，底下一片骂声，这是为什么？伦理判断在中国社会来讲极为重要，我们不要受某些思想潮流的这种负面影响，而忽略了中国伦理传统的作用。

名位寿禄　德者得之

故大德，必得其位，必得其禄，必得其名，必得其寿。

你还可以往后添，就像我在"失道而后德，失德而后仁，失仁而后义，失义而后礼"后面添上了"失礼而后法，失法而后暴"。这也是语言公式啊，他说有大德者，"必得其位，必得其禄，必得其名，必得其寿"。还有没有其他方面？这四方面几乎把人一生所希望得到的都概括了，有位、有禄、有名、有寿。

那有寿，起码你得健康吧？必得其禄，说明有财富吧，而且是国家给的，这是善财。这件事情我可分析过，因为我是学财政税收出身的。我们的单位被称为事业单位，就是有财政拨款。财政的钱哪来的呢？通过税收。我们知道，税收的钱一定是合法的。

有的人做一些政府不鼓励，也不允许的赚钱勾当，然后他为了把收入变得合法，主动纳税。那在我自己领的工资里面，不管是亿万分之一还是更小的比例，反正一平均，在概念上它是有这部分违法收入的，对不对？我就观察到，在这样的一个大池子里，你分得一份薪水，虽然理论上、法律上它是合法收入，但是用中庸之道这种极致的道理来衡量，这里面未必都是善财。那你说怎么办呢？

从法律上讲，完全不用有这种担心，你该花花，该拿拿，心安理得。但是在哲学的道理上，在中庸至极的道理上，你要能观照到这一点，不是所有的纳税行为都是我们衷心鼓励的、伦理推崇的、道德允许的，不是这样。所以国家会打击、取缔这些不法商贩，这种游戏几乎永远存在。

那如果我们要想得到一个位置，想要有俸禄、出名，还要长寿，我们应该怎么办？积大德啊。这不明显给出答案了吗，"故大德，必得其位，必得其禄，必得其名，必得其寿"。那反过来，我们没得到这个位置是什么原因？德不够啊。所以不用怨天尤人，马上去想怎么消业障，然后去积累我们的德行。厚德载物嘛，这是古代的观念，我们用以经解经的方法，跟《易经》联系起来看，你德不够厚，就载不住这个位置，给你了你也坐不安稳。

南先生在讲座当中，曾经举过一个例子。应该是民国时期，三个军人到一个有名的人那里去看相。这看相的就说，其中有一个能够做到中将，另外一个，比方说，大概是上校都做不到，第三个兄弟会转文官。结果多年以后，那位还真成了将军，还是海军司令，另一位还真是到地方上做了县长，都算准了。做了司令之后，将军有一天心血来潮，他就想起当年和他一起算命的那位兄弟，想知道他现在是什么军衔。找到这人一看，还真的让看相的说准了，连上校都不是。

然后他就想跟这看相的作对！怎么办呢？你不说他当不了吗？我就非得给他填报材料，让他当上。结果报了两次都被驳回。他觉得很没有面子，我一个司令连这点事都办不成，还是什么司令？非报不可！终于上面批了。他就还挺高兴：看相的终于算得不准了。结果，据说文件下发的时候，这人病了，去医院也没救过来，死了。也就是说，你强行给，他也接不住，所以厚德载物是很深刻的一个道理。

笃行天命　时至而行

我们现在好像是在听故事、听笑话，但是听完之后我们要认真对待，有好多细节自己要认真地去考虑。这个事情做不成，不是谁为难你，可能是时机不到，甚至是为了保护你；谁保护我们不知道，反正你等着就好了。

说到这呢，有一个大智慧、大成就的人，给我们做了一个榜样，一个很好的案例和范例。达摩祖师面壁了九年，就是在等。他虽然是悟道的祖师，但他可以省却这前八年吗？他为什么去面壁呢？历史的机缘，他必定要等到第九年，这个二祖才会来。

明白了这个例子，我们就知道，有些事情你努力去做就好了。就像现在，我做这个中国传统经济学，要努力把它恢复成现在的一个学科。以前呢，可能更多的是写东西；现在呢，更多的是要和周围的制度打交道。因为研究生要进来了，你得给他排课。排课怎么排？排到哪一个模块里面去？是专业方向课，还是公选课？专业方向课呢，只能从自己方向选；公选课呢，全校的研究生都可以选。既然传统经济学是一个历史性的恢复，那我觉得放在公选课里面更有意义。

楼宇烈老师告诉我，你应该在前期的研究基础之上，向国民讲清楚我们这个文化是怎么来的，"中国经济文化史"专业也因此应运而生。由此大家能够理解，你提出来的这个经济学理念，它是有中华历史传承的，不是凭空捏造的。这个名称可以根据现代的学科需要来概括，但是它的事实，是在中国历史上真实发生过的。

我在写教学大纲的时候，才明白楼老的高明和深意。我们为了发展中国传统经济学，确实要讲清楚中国经济文化史，否则，你突然端出一个理论，人家会说你算老几，你总结出一个理论和体系，对吗？有道理吗？人家会怀疑。但是你把中华文明发展的经济文化历史，从百万年前的人类史、一万年的考古史和五千到八千年以上的文明史说清楚以后，那真读你这些著作的人、听你讲的这些人，这些同胞们就会明白，原来我们才是真正的经济学故乡，这就很清楚了。

这我才知道，原来如果没有这个学科的创建，你就傻乎乎地光说我们有中国的理论经济学，人家是不会接受的，也不会理解的，包括我们自己的同胞。等他终于明白你说的这个道理了，那相当于他把历史也串了一遍。那我们莫不如主动去讲，缩短了了解的时间成本，大家可以快速知道，原来我们的文化涵容具足经济学理念和体系。

但是近现代以来，我们被打得没有话语权，有理说不出，说了传不开，那就轻信西方。所以你的整个逻辑体系、概念体系，都是西方强加给我们的，我们受他们的影响。不是说他们不好，这要讲清楚。我从来没有说要拒绝他们优秀的、好的、值得借鉴的东西，我只是说我们中国老祖宗给我们留下了这一部分文化遗产，只不过它的外在形式穿的不是西服，它的语言形式是文言文。

1919年开始的白话文运动，使文言文表达的中国学问封存在历史典籍当中。大家不知道，那就得有人整理，而现在已经习惯了以学科的方式、专业的方式去传播，所以我们只好把它整理成一个学科体系。这不就是一个正常的逻辑吗？所以它都是一个历史的现象。

再过三十年，顶多六十年，我就认为，那个时候我们的子孙会说："当时这姓钟的，他怎么这么多事？我们的经济学完好地存在于我们的典籍当中，为什么非得搞出来这么一个东西？"

那个时候不需要，但现在需要，这就是"居易以俟命"，变化到这了，你就只能这么去应对。应对完了之后，过去就过去了，后世到底需要什么样的，那个时代的人"居易以俟命"。这是天命本身，大家都无挂碍，但是都做了自己应该做的事情。

"为天地立心，为生民立命，为万世开太平"，说得好像很大，其实就是你完成你当世的任务就行了。这就是万世，你这一世就是万世，你把你当世的任务圆满完成了，那相当于你把万世的问题都解决了。因为你就承担这一段，大家能明白吗？

我们都是一条连续链条上的人，要有连续的传承，如果我们把这一世该做的事情做圆满，那么我们和历代的圣贤就是等价的。但是如果你不做这个复兴的工作，那你等于断了传承，没有炎黄子孙应有的这种面貌，就不对了，就等于失职、失位、失道，所以不能成就。我们是通过传承完成了自己的成就。

仁者长寿　德全不危

我记得楼老师在八十六岁那年给我讲，他说有人给他推算，他本来活不到这么大岁数，但是怎么突破了呢？就是因为这些年讲中国文化。这是很好的一个例子，现在完全可以作为活的案例和教材的例子，所以要想得位、得禄、得名、得寿，我们就得积德，因为"善不积不足以成名，恶不积不足以灭身"。①

---

① 出自《周易·系辞下》。

德者，得其寿。很多人听到这个结果，如果对中国文化不了解的话，他可能无法理解。

现在网上开始清理养生的一些讲座、节目、短视频，有一些人浑水摸鱼，当然就需要清理。但中国的文化，人的寿命怎么来的？《论语》当中说"仁者寿"；《黄帝内经》里面说得更加清晰，"德全不危"。我们解释过这四个字，德行具足的人，是不会有危险的。

德行具足会产生一个什么样的状况呢？"天之在我者德也"，找天找不着，在人身上看到德行就看到了天。天代表着时间，所以我们有德行，我们就有时间。完成任务，寿终正寝，天命已经完成的人例外。关键是，当我们积功累德的时候，我们的生命值就相当于提高了。

"地之在我者气也。"地气，地气，我们秉受天地之间的这个能量，这是词汇的形容。没有这颗地球，我们就少了一个气。大家看天体从外太空进入我们的大气层，它会产生剧烈的摩擦，在天体表面产生至少一千摄氏度的高温。这就说明大气层真的存在，对吧？只不过它比较稀薄。

我今天早上醒得比较早，早上起来到外面去打太极拳，下着雨，空气就特别新鲜，就觉得特别舒服。这就是人与天地之间交换能量，吐故纳新。你把你自己的浊气呼出去，把清气吸进来，就改变了自己的身心状态。你在做的过程当中，除了形体的变化，脑子、身体，或者说属于伦理那方面的内容也在发生着改变。

那个本性为什么叫明德呢？它到底是个什么样的状态？你可以理解成是光，但是这个光里面，有意识、有智慧、有能量，甚至有思维。也可以参考《道德经》的表达："窈兮冥兮，其中有精。其精甚真，其中有信。"可是当它不发动的时候，又什么都没有，"喜、怒、哀、乐之未发，谓之中"，就是这种状态；当它想有的时候，它就能闪现出来。比如说，你给我拿二斤"怒火"来，能拿出来吗？你拿不出来，但是别人能看得出来。小孩子会说，我爸或我妈又发脾气了，我得离得远点，要不会挨骂或挨揍。

为什么拿不出来的东西会被人看见呢？你展现出来了。"发而皆中节，谓之和"，如果发脾气突破了正常的限度，是不是对身心的一个破坏？也就是说，你本来应该要么处于"中"的状态，要么处于"和"的状态，结果发火，一把火烧光了，"火烧功德林"，那还能有长寿吗？

回到"中"或者"和"的这个状态，就是德全不危，万德俱备，改变的是我们整个的身心状态。别人是能够看出来的，就是修行的圆满会改变我们的容貌，时间长了，虽然你还是那个你，可是别人就是能感觉出来，你越来越受人尊敬和喜欢，不再是以前的那个状态。别人说不清楚为什么，但是觉得，你一定有一个什么东西跟别人是不一样的。所以你要想长寿，就得把心地上所有的阴暗祛除，就又回复到最初第一讲所介绍的认识本心、本性、知天命、明心见性的状态。

天之生物　因材而笃

故天之生物必因其材而笃焉。

这句话说得太好了。上天生物，我们是生物之一呀，我们都是生出来的一个活物，怎么生的呢？

我们前两讲已经跟大家共同论证了：射不中，不是靶的问题，不是箭的问题，是我们自己的问题；写得不漂亮、不潇洒、不是神品，不是毛笔的问题，不是纸的问题，是我们审美写字的方法和功力的问题。以此类推，世间事你不满意，但呈现给你的这个世界，谁决定的？本质上是你自己决定的。

你是通过你现在的这个身体，把自己投身在这个世界里面，所以你才出生。原本你可以不出生，处于这个"喜、怒、哀、乐之未发"的那个觉海当中，可是你自己出来了，就像大海里面一滴水弹出来。我们出生的时候，都有合法的出生证明，上户口，我们就来了。

现在知不知道我们从哪儿出生？从那个"大本"出生的，从我们天地的母体里面生出来的。从《中庸》的第一段"天命之谓性"开始，我们就在帮助大家论证和寻找这颗心，明白自己的心性、本性、自性、天性，把自己人性里面的杂质去除掉。这就是修道的过程，这就是教化的过程，然后达到天人合一。人性彻底恢复到天性，我们就是天性的体现，我们就是天的那颗心，天无言我们替它发声，天无形我们替它在人间有一个净行。

《华严经》里面有《净行品》，你看他起心动念，没有一念是为自己考虑的，全都是全心全意为人民服务，衷心为他人考虑。上楼的时候希望大家一起提升；下楼的时候希望大家不要堕落；穿衣的时候，希望每一个人都用圣德来装扮自己，庄严自己。你看所有的起心动念，全都是合乎道德，合乎伦理，让你觉悟，让你庄严自己，美化自己的世界，依正庄严的状态。没有一念是为了我自己得位，为了我自己得禄，为了我自己出名，为了我自己长寿。结果，他不争，反而"天下莫能与之争"；他不自私，反而"故能成其私"。他根本就把自己忘了，没有要我如何如何，结果做完了之后，反而他成就了。

当你有这一念，有一个我，就已经不是。你说最终我要成道，你脑子里老有这样的话，那你最终不是成道，你是成了一个怪物。道是要了的，最终要了无痕迹，自然化去了，了无挂碍，这才是与道真正化合。否则的话，你那个"冰块"还没化，这能明白吗？

我们本身是在道体当中，无二无别。现在呢，生出来也没有区别。因为是天人合一、人道合一，并没有一时一刻须臾的分离。当我们化性的时候，就像冰融入大海一样，我们完全回到了那个大觉智海。天下之大本，那个纯净的、天下所有人共同的那个本性，纯净无染，无二无别。得用多少语言去形容这个本性？这个，那个，其实就是一个，诸觉同体，诸圣同体，没有两个，有两个就错了。

认同这一点，这是在本性上、在本质上万象归一，那个"道生一"的那个"一"回去了。但是在生命里一生万象，怎么生出来的？"天之生物必因其材而笃"，你是什么样的材，你就生出什么样的面貌和世界。

那上天是谁啊？天人合一啊，我们说了，射不中是你自己的问题，写不好是你自己的问题，题答不出来还是你自己的问题，反求诸己。

那天在哪儿呢？"近日寻春不见春，芒鞋踏破陇头云。归来手把梅花嗅，春在枝头已十分。"穿着芒鞋天天到外面去找春天，踏遍万水千山，累个半死，也没找到。回来之后闻一闻自家院子里面的梅花香，"春在枝头已十分"，原来春天就在自己家院子里面。

这首诗说的是什么意思呢？我们要求道啊，我们要修行啊，我们要成圣成贤啊。青城山哪，昆仑山哪，龙虎山哪，普陀山哪，五台山哪，都去拜完了，找到了吗？你不还是那个你吗？其实就在你的心性上，我们找的过程就是你化去心地杂质的过程。圣贤塑像是不需要你拜的，我们自己拜的过程当中，你叩下头，虔诚的那一念生出来的时候，你庄严了自己。

所以那个感应是因为你自己的变化，在天地之间的信息场能当中，你和你真正对应的那个频率对上了，所以叫"上天因其材而笃焉"，就造成了一花一世界，一叶一时空。你有你自己的一个世界，所有这些都是心现识变。这些现象谁现出来的？你的心地现出来的。怎么变呢？因为你的心识在变化，所以它也产生着变化，才生出来这么多的物质和现象。

有大德者　必受其命

故栽者培之，倾者覆之。

这不用解释。

《诗》曰："嘉乐君子，宪宪令德，宜民宜人。受禄于天。保佑命之，自天申之。"故大德者必受命。

《诗经》说：高尚优雅的君子，有光明美好的德行，让人民安居乐业，享受上天赐予的福禄。上天保佑他、任用他，这是上天的意志。所以，有高尚德行的人必定会承受天命。这我们就知道了，你没有那个命，是因为德不够，德行够命就来了，听懂了吗？任命也是命啊，提职的任命书那也是命啊。它为什么不来，没在你的时空里出现，你有没有答案？

如果你想要什么，如果你想提升，如果你想实现抱负、光耀门楣、光耀祖宗、光大中华优秀传统文化，你得有一定的职权，你才能够利用资源；有了资源，你才能够把力量发出去。不同的人做事，他就是不一样，在中华优秀传统文化伟大复兴的过程当中，它需要我们每一个同胞的努力。今天如果大家立志了，如果要想帮助我们国家顶住外来的侵略和破坏，在文化上实现复兴，那我们就要做事情。

做事情你就得有一定的格局，有一定的方法。你说没有机会，怎么办？等。那怎么等呢？《素书》说"贤人君子潜居抱道"，换句话说，你还得厚积德行，然后才能厚德载物。有了这个物，可不是让你放在客厅里瞪着眼睛看它的；要人尽其才，物尽其用，你是要把它化作复兴的事业，善财善用，为人民服务。而不是积聚到这里，自己整天点钱玩。

你仔细想一想，就像小动物似的，松鼠藏那个松果，它仅仅是为了过冬才有贮藏的意识，它只是为了糊口延命。当我们吃穿都不愁，换句话说，你自己合法的收入，你都吃不了用不尽的，何苦把那个本来是国家的善款变成了赃款呢？出了事被关进去，你不特别冤枉吗？

所以"君子乐得做君子，小人冤枉做小人"。那他也是人啊，他也是父母生出来的宝贝啊，他也可能是我们五伦关系当中的一环呢。他走到那么高的位置，掌握那么大的权力，他也是国家花了很多的教育经费培育出来的精英，他才能通过层层的考核，逐层上升。只不过就是在我们的教育当中，好像缺了一环。他没明白"德本财末"这个观念，这是公理。

所以我们中国传统经济学复兴，是要讲清楚"德本财末"这个观念，不该拿的财富就不要拿，才能真正地保护自己。所以积功累德到一定程度，大家就等着印证这句话，"大德者必受命"。

今天在座的各位同胞，中华优秀传统文化的复兴任重道远，我们每一个人都有责任。你在积功累德的过程当中，默默地去做。正常情况下，我们说，从古代给我们的时间段就是三年，立志以后，三年的时间你用功。如果真的就是诚意正心、闲邪存诚，每天反省自己的过错，每天与经典为伍，然后做好自己的本职工作，三年之后应该有所兑现。如果你做得更加精勤猛烈，可能不到三年；那当然也有可能你回家不过一个月，任务就来了，"大德者必受命"。

天地之间，这个信息是没有阻碍的，古往今来，祖师给我们总结下的这个规律，不因现代化的技术发展而过时。所以我们不妨拭目以待，我们共同努力，大家一起发力，让中华优秀传统文化更好地复兴，更好地为人类命运共同体服务。

今天就讲到这里，明天再见，谢谢大家。

（五）

当我们觉得自己智慧不开时也不用沮丧，只管尽心去积累功德好了。因为积德福家，积善益名。在本讲当中，作者告诉我们所有的人生遭遇都是由本性而生，背道昧德，必有身殃；要根据是否符合道义来评判是非；介绍了古代的祭祀、服丧之礼，告诫我们不要僭越礼制；为政的关键在人——人存政举，人亡政息；提示我们"一切福田，不离方寸""求之不得，反求诸己"；规劝我们要修德补漏，克己复仁；敬畏前因，不要立于危墙之下。

积德福家　积善益名

尊敬的各位同胞、各位同仁、热爱中华优秀传统文化的各位同道：

大家上午好！

我们今天继续学习《中庸》，请大家打开经本，翻到第十七章。

昨天讲到第十六章，最后一句是"故大德者必受命"。我们说，当你积德积到一定的程度，命运自然转化；当我们完全进入了自己天命的状态，也就是说人命纯净以后变成天命，知天命以后呢，就会知道自己这一世的历史任务、责任，我们也会生发出坚定的志向，从而有自己坚定的方向。那因定呢，生慧；因慧呢，生法，就有了可以做事的思想啊，窍门啊，路径啊，就都出来了。

以前有老师说，我们现在的人生，之所以很多事搞不清楚，是因为智慧不开。在自然现象上，云开雾散之后，日光透出来，光明重现大地。现在不见日光、不见月光，是因为有乌云遮挡。那我们人生智慧里面的性光、我们的明德、我们的自性宝珠、我们的本性、我们的纯净天性、纯净无染的自性，到底是因为什么原因不能发露出它本有的智慧、功能与德行呢？

因为它被障碍住了。这个障碍怎么能去掉呢？通过积累功德消除它，消除它以后，业消智朗。它是同时的，这面消那面就透，所以消一分业障，透一分智慧，多一分光明。

人生际遇　生于本性

子曰："无忧者，其惟文王乎。以王季为父，以武王为子。父作之，子述之。"

这是感叹啊。纵观古今，有没有这样一个人？他的人生不需要有什么顾虑担忧，当然就更不会有恐惧。难道说只有文王才是这样吗？孔子为什么想到这一点呢？文王，以王季为父，以武王为子。就是你看人家的父亲、人家的孩子，怎么那么优秀呢？

现在网络上流行一个词，叫"鸡娃"，就是指为了孩子能读好书、考出好成绩，不断给孩子安排学习和活动，不停让孩子去拼搏的行为。尤其我们现在的这个讲座现场，还是属于北京海淀区。海淀区"鸡娃"到了什么程度呢？

据说，海淀有个海淀妈妈团，不但全国闻名，还世界闻名。因为这些妈妈团的成员大部分都是国外藤校毕业的，本身就是高学历、高素质。但是为了孩子能更加出色，从小就超常规地进行培养。所以没一个藤校的毕业证，好像都进不了群。当然这是听说，我也没有去做过调查。这就使很多的人民群众，包括普通的小孩大概就觉得，那我怎么生到这种家庭里了呢？我的父母怎么这么普通呢？那反过来，自己的父母在辅导孩子做作业的时候，往往就变成"男女双打"，这成了一个梗、一个笑谈。

问题是，这仅仅是一小部分，按照大数定律，我们大部分的智商啊，情商啊，家庭阶层啊，人脉关系啊，还有师承都是在普通的范围之内，就是属于大数定律里面中间的这一块，既不突出，也不算太落后。那我们就按平常心去对待，不要追求太过，也不要脱离自己的本性去妄求一些外在现象。

我们已经论证了，你外在的世界和你内在的世界是贯通的，用哈耶克的用词是"对应的"。尤其是你外在的世界又是由你内在的世界在本质上决定的，根据你积功累德而产生的变化而变化。求之不得，说的是在外面求之不得，反求诸己，反求之于己，你得反观自己，我哪里不对了。经文中不是打比方吗，射箭射不中，是人家的靶心放错了吗？不是，是你自己的技能问题。写不出漂亮的书法作品，是笔和纸出了问题吗？不是，是我们的审美和技能出了问题。

那以此类推，你外面的人生，你接触的天地人事物、现象，你自己不满意，那岂不是怨天尤人？因为整个世界现象是因你而来，大家要看破、看透、琢磨明白这一点。我们面临的一切人事物，归根结底跟你自己的内在德行一一对应。

如果觉得复印件不好，你得改原件。

现象，现象，它现的什么象？现的是我们自性之象。所以你自性得转化，外在世界才能转化。用一个很简单的生命过程就能说明这个道理。你在小学的阶段，你面临的是小学的世界。随着年龄的增长，你会进入初中，然后面临初中的世界，再往后有可能面临高中的世界、大学的世界……当然你也可能提早进入社会，面临这大千世界。

各种各样的差别和不同，谁产生的？是上天不公吗？我们已经论证过，所谓的"上天因其材而笃"，就是因为决定这些人生际遇的根本原因是我们自己的本性。所以一个人真正的有大德，必得其位，必得其禄，必得其名，必得其寿。那么我们也可以说，"有大德者，必得其家"，就是他那个家往往是很和谐的。

说到这里，可能马上有人就提反例：也有爹不靠谱的，但是儿子很好；或者反过来，爹很好，但是儿子很差。这种反例怎么解释，大家可以去思考一下。

是非对错　则义而评

那孔子这个时候看文王，就觉得，他这个人生还有什么可担忧的呢？父亲王季是一个伟大的人物。王季这个王，是后来武王灭商以后追封的。"父作之，子述之。"有这样伟大的父亲，他开创了一个时代，奠定了一个伟大事业的基础，然后文王没有做完，也就是说没有取得整个天下。但是我们通过看古籍已经知道，文王因为德行，在当时已经三分天下有其二。然后武王把家业发扬光大，灭了商朝，建立周朝。

我们看历史，有些人会说，武王是商王之臣，他这么做不是臣子反叛弑君吗？大家有时间可以去看看《孟子》，里边有一句话，就是"大人者，言不必信，行不必果，惟义所在"。意思就是通达的人说话不一定句句守信，做事不一定非有结果不可，只要合乎道义就行。所以理解了这句话之后，请大家思考一下，弑君这件事到底对不对？根据孟子的回答，武王杀的是暴虐的贼，商纣王已经不具备天子的道德和君临天下的资格。

依礼祭祀　以彰孝道

武王缵太王、王季、文王之绪。

武王继承了他的曾祖、祖父、父亲的衣钵。这个"绪"呢，我们说头绪，就是有人给你开头，然后你往下捋。

壹戎衣，而有天下。

这个"壹"呢，我们看古往今来对《中庸》的解释，往往莫衷一是。我自己的阅读体验，对这个字来讲，因为它在《大学》当中也出现过，"壹是皆以修身为本"，它形容的是干脆利落、全体包容。所以这里的"壹"，就好像极言其迅速果断。

身不失天下之显名。

这得有大德啊，没有大德，他怎么有位、有禄、有名呢？也许有同仁会说，武王伐纣第二年他就去世了，那他是不是没有得寿啊？大家看《史记》就会知道，他去世的时候，应该是已过九十了。

尊为天子，富有四海之内；宗庙飨之，子孙保之。

这是一个天子正常有的格局。在每年大的祭祀环节，宗庙当中总要举行隆重的仪式，那做祭祀的当然也是他的子孙了。

武王末受命，周公成文武之德。追王太王、王季，上祀先公以天子之礼。

到了武王的生命快要结束的时候，周公受命，等于是托孤。因为当时的成王姬诵年龄还小，所以周公以叔叔的身份摄政。周公之所以伟大，就是因为以他的德行才能，他完全可以把小皇帝变成真正的傀僭，甚至直接取而代之，成为天子，但是他没有这么做，最后"成文武之德"。这个"文武之德"呢，指的是文王和武王之德。

"追王太王、王季"，灭殷六年之后，周公制定礼乐，追加谥号，尊太王、王季为王，他们都可以以王的礼仪来享受祭祀了，叫"上祀先公以天子之礼"。这是指后世子孙之孝。所谓的"先公"呢，是称呼天子、诸侯这些人的先祖，你不具备这样的地位，你的先祖就不能称"先公"。

斯礼也，达乎诸侯大夫，及士庶人。

就是这种祭祀先祖的礼仪，不但天子要做，而且一直通达诸侯、大夫、士、庶人，就是从上到下，没有例外的，这是孝道的落实。

父为大夫，子为士；葬以大夫，祭以士。父为士，子为大夫；葬以士，祭以大夫。

就是你父亲在下葬的时候，要按照他生前的爵位规格来下葬。但是你在祭祀你父亲的时候，要按照你现在的爵位规格来祭祀，不能僭越礼制。反过来亦是如此。

期之丧，达乎大夫；

根据《礼记》当中的记述，这个"期"表示一定的期限。特定的期丧指的是两年的时期，但后世实际落实，通常都是一年，打了五折。所谓的期丧，就是给祖父母、未嫁的姑母等戴孝一年或者是两年，规定是两年，实际上就一年。

三年之丧，达乎天子，父母之丧，无贵贱，一也。

就是守孝三年这件事情，和前面那个期丧有所区别。所谓三年之丧，它就是一个最高的，或者是说，礼法上规定最严格的一种祭祀的期限，是指子女为自己的父母戴孝要满三年。根据历史记载，这件事情在宋代执行得比较严格。比如，苏东坡他们兄弟俩正在做官，突然得知母亲在家乡眉山去世了，那他们就得立即脱岗，回家戴孝去。但实际上，按照林语堂先生在《苏东坡传》里面的精确推算，苏轼守丧没有满三年。他应该是两年半以后，又回到朝廷任职了，但基本上也可以说是三年。所以"父母之丧，无贵贱"，不管你自己是贵是贱，都要有三年守孝的这个过程。

那到后来，有一些弟子对自己的老师也是这样，我们知道子贡就为孔子庐墓三年。为什么叫庐墓呢？他在孔子的墓旁边结庐守墓。所谓结庐，就是搭一个简易的住房，然后住在里面为老师守灵。那相当于是师如父母啊，他真的就是在行动上、心理上把这位老师当作自己的亲生父亲一样来对待。

如果是兄弟姐妹、夫妻等平辈的亲人去世怎么服丧呢？也是期丧，就是两年或者一年。如果有一些小辈的孩子去世了，那长辈有没有服丧这一说法呢？也有，比如说自己的侄子、嫡孙，它不是父子之间。大家要注意，父母子女之间，最隆重的是三年，其他你没搞清楚的，一律按照期丧，就是一年或者两年来处理。

子曰："武王、周公，其达孝矣乎。"

孔子特别推崇周公，那提起文王、武王呢，也是经常感叹。

夫孝者，善继人之志，善述人之事者也。

所谓的孝，这就给定义了，就是你善于把先人的志向继承下来，把先人未竟的事业发展起来。那我们现在孝不孝呢？现在在座各位都是孝子，因为你们在认真地学习和践行中华优秀传统文化。这个文化里面，体现的就是我们先祖的志向，体现的就是我们先祖想要弘扬、传承、发展的文化事业，也就是千秋教化事业。

春秋，修其祖庙，陈其宗器，设其裳衣，荐其时食。

"春秋"，这是两个季节。"修其祖庙，陈其宗器，设其裳衣，荐其时食"，这就等于是对一件事情的陈列摆设。修缮装修房子，然后摆家具，穿衣裳，摆上供品食物，隆重其事。

尊卑长幼　各践其位

宗庙之礼，所以序昭穆也。

进入宗庙之后，它一定是有规格和礼仪的，礼制它是不能乱的，大家都要遵守这样的一个规范。这个"序"是排序，我们说立牌位，时间长了，我们的祖辈，好多代都要写牌位，但按照什么顺序摆呢？这就是一个问题。"昭"代表着父，"穆"代表着子，就是一辈一辈的，好几对父子都成为祖先了，都已经变成牌位了。做父亲的那个放在左侧，做孩子的那个放在右侧。所以，昭穆也挺好记的，就是一左一右，一父一子，它是宗庙里面那个神主排列的顺序，叫"序昭穆"也。

序爵，所以辨贵贱也。

这很清楚了，谁的爵位高，谁就是贵；你再高的爵位，碰到比你更高的爵，那你跟他相比，也叫作贱。也就是说，分大小、分上下。

序事，所以辨贤也。

就是这个贤能、才能，通过你安排的这个事件，就显示出贤愚来了。

旅酬下为上，所以逮贱也。

"旅"是众多；"酬"呢，觥筹交错，就是敬酒了。众多人敬酒，那一定是晚辈敬长辈，居下位的敬居上位的。这么做等于是长辈或者是领导的恩泽、恩惠能够向下给予晚辈或者是下属，所以叫"逮贱"。

　　燕毛所以序齿也。

　　我们说在朝"序爵"，就是都是当官的，那就比谁官大谁官小。你即使年龄轻，但你级别高，那你也得排在前面，因为这是朝中的规矩，用我们现在的话说呢，这是官场的规矩。

　　那在野序什么呢？"序齿"，就是比较一下年龄。为什么是这个称呼呢？我们说一个人牙的生长过程，先是乳牙，乳牙换掉之后叫成人之牙；到最后，后面还得有几颗智齿。一般都是十八岁以后，二十几岁长智齿，左右各两颗，长不好呢，很难受的。这就说明了它是一个年龄的概念，所以"序齿"就是比较谁年龄大，谁年龄小。大家都不当官，那就以年龄长为尊。

　　什么叫"燕毛"呢？这个"燕"是通假字，通那个"宴会"的"宴"；"毛"指毛发。"燕毛"也就是说，咱俩坐一块，都不当官，你的头发比我的白，那你坐上位吧。

　　"燕毛所以序齿也"就是在宴饮时，看看大家的体貌特征，年长的坐上位，这样就会使长幼有序。

　　践其位，行其礼，奏其乐，敬其所尊，爱其所亲，事死如事生，事亡如事存，孝之至也。

　　"践其位，行其礼"，大家等于是各行其道了，你该在哪儿，你就去践位，就是站到那个地方，然后你行你应该行的礼。

　　"奏其乐"，你该听什么音乐就听什么音乐。我们知道，《论语》当中有"八佾舞于庭，是可忍也，孰不可忍也？"八佾舞是六十四人排成八行八列跳的一种舞，这是天子的礼仪。那为什么"是可忍也，孰不可忍也"呢？孔子是礼学大师啊，他一看，你这诸侯大夫在自己家的院子里面就开始"八佾舞于庭"，你这是把自己当天子了，这不是僭越吗？

那奏乐也不能轻易地奏，这个礼数是从乐音当中显示出来的。我劝大家回去找一下，司马迁《史记》里面的那个《乐书》，大家可以参考一下。这个《乐书》里面记载的一些事情，说明了德行特别厚的人，听哀伤的曲子问题不大；德行薄的人，要是听到，比如说亡国之音，那就会飞沙走石，天下大旱。

你去仔细看一下，因为我们没有时间去讲这个故事，要仔细讲的话，一堂课就过去了。看了那个故事你就知道，做任何事情，我们首先要做资产评估中的德行评估。我们说会计上不经常叫资产评估，他们叫"点库"。那我们的德行也得点库，也就是说你掂量掂量自己几斤几两，照照镜子看看自己是干什么吃的，能不能承担得起。不能承担得起，这事你就不能做。有一次我讲《论语》的时候，正好讲到《八佾第三》，有一个舞蹈老师，她就说："老师，我就给你跳一段？"我说这个我不敢看。一佾我都不敢看，就是一乘一我觉得都不行，因为只有德行厚才可以。

有一些人，他没遇到特别好的事情时，他还可以正常的生活，突然来一个大的名声，或来一件大的好事，比如中彩了、中奖了，反而人生出问题了。所以一旦好事来的时候，我们千万要夹起尾巴，反思一下：我这几天对父母好了没有，尽孝道了没有，夫妻之间和谐了没有，我为这个社会做贡献了没有，我哪儿缺没缺德？你得反省一下，然后再看我能不能最终把这件事情接住。你德行不好的话，在古代的说法就是，你住一个稍微大一点的房子，你都住不安稳。

大家听说过吗？世间最大的钻石之类的那种极品的珠宝，你不是那个厚德之人，得到了以后会出问题。我看过一篇文章，介绍世界上一颗最大的钻石，非常罕见，曾经得到它的几位商人、明星，他们的结局都不好。以前读不懂，就认为这事神秘兮兮的，后来慢慢地读中国书才知道，没那么厚的德行，他载不动的，所以就是要出问题。

"敬其所尊，爱其所亲。"这都不用解释，这是我们基本的态度。为人，你该敬的尊长一定要敬。这个敬，除了口上说，行动上要有表达，让别人一看你是真的尊敬，关键的年节还要有礼品，这是我们中国人做事情的一个风俗。"爱其所亲"，那你自己的亲人能不爱吗？你自己的孩子能不关爱吗？

"事死如事生"，尽孝道这件事情，人在的时候和人不在的时候是一致的。"事亡如事存，孝之至也。"人活着，有权力，有地位，然后你表现得好像很顺从；人一旦走了，或者是不具备这个世俗的地位了，然后你态度就改变了，这是孝吗？

郊社之礼　禘尝之义

郊社之礼，所以事上帝也。

大家看，出现了一个很重要的词——"上帝"。以前我在讲座当中经常讲，有一些词汇，在我们翻译外来文化的时候，借给了他们。但是有些人呢，不看中华经典，先入为主。他先看的是外国的文本，就以为"上帝"是外国的教会词汇。我说你去查一查《诗经》，看看"上帝"这个词在《诗经》里出现的频次。一提"善哉善哉"，说这不是佛经的词汇吗？你去查一查《黄帝内经》，《论语》里面也有。

这些词汇都是借用的，不还了，最后好像变成某一学派的专有词汇了。多读中华经典，你才能够领会，我们翻译的时候，他一定要用到中华经典里面的词汇，到底谁先谁后，要搞清楚。

"郊"是指都城外围的地区；"社"指的是我们祭祀土地爷的地方。在周朝的时候，每年的冬至，就是十二月中下旬，二十一二日左右，在南郊祭天。夏至的时候，祭地于都城的北郊。这是非常重要的礼仪活动，做这个干吗呢？"事上帝"，这个"上帝"指天地。

宗庙之礼，所以祀乎其先也。

在宗庙当中祭祀的就是自己的祖先，在城郊祭祀的是天和地。也就是说，当时的信仰，它一定有一个大自然，所以也要祭祀，表示人的恭敬和孝敬。真正人伦之内的孝敬，那就在宗庙之内。祭祀自己的先公，这是针对天子和诸侯的称呼，我们只能说先祖，或者是以前的祖先。

明乎郊社之礼，禘尝之义，治国其如示诸掌乎。

明白这个道理以后，那你治理国家，就好像是看自己的手掌一样，易如反掌。真那么容易吗？这倒未必吧。"郊社"我们解释过了，那"禘尝"是什么呢？这个"禘"它是指在夏天所进行的祭祀；"尝"是在秋天所进行的祭祀。他用"禘尝"来代表一年四季春夏秋冬所进行的祭祀。

在周朝的时候，一年四季都要进行祭祀，而且各有其名。春天的那个祭祀之礼叫作"礿"，夏天的叫"禘"，秋天的叫"尝"，冬天的叫"烝"。"烝"的意思是什么呢？我们知道，冬天是一阳生。阳代表火、代表光明。在冬天的时候，用"烝"来形容这个祭祀，就是祭祀阳气生发的意思，或者说它的本意就是这个。所以表面上，它就是冬天祭祀礼仪的称呼，但实际上这个"烝"就表示一阳生，火气向上的意思。

人存政举　人无政息

哀公问政。

这四个字一出，就感觉好像在读《论语》，因为在《论语》当中，"颜渊问仁""哀公问政"等四字短语频繁地出现，就是有些人来请教嘛。

鲁哀公呢，他的名字叫将，他是鲁国第二十六任君主，在位二十七年，时间不算短。但是这个"哀"，大家一看就知道不是那么好。按照谥法的解释，"恭仁短折曰哀"。然而我想，在位二十七年也不算短了，可能是由于他作为天子，却不能复兴鲁国，因此得了这样的一个评价。因为大圣人在他的时代，就在他的朝代当中，他没有很好地任用孔子及其一群杰出的弟子，导致鲁国不能复兴，那这是做国君的责任。

我们前面有"子路问强"，这隔了这么多段，又来了一个"哀公问政"。"问政"的意思是请教如何把国家政治办理得清明，就是一整套的治国方略，简称"问政"。

子曰："文武之政，布在方策。"

这个"文武之政"是指文王和武王治理天下的方略；"方"呢，指木板，记述事件和历史的；"策"呢，就是竹简。我们以前还有个"表"，它是尧时期专门设立在路口供民间人士上表的，就是你有什么冤屈、有什么不平，或者有什么建议要直达天子，就直接在上面写上你的建议。这个东西最初是木头，后来变成石头，再后来，失去了它原来的意义。由于是尧设立的，他是天子，所以当这个"表"前面加上一个"华"字，就变成了天子的象征。所以华表只能在都城设立，它代表着"中国"。古代的中国就指中央，就代表着天子的权力、天子的象征，那其他人就不能立，否则就是僭越。

其人存，则其政举；其人亡，则其政息。

这也就是天人合一，它可以和《论语·为政》结合起来读。这个人在，这件事情就可以推行；这人不在了，这个事业就拉倒了，结束了。那真正的孝道就是有人能够把它传承下来，发扬光大。

人道敏政，地道敏树。

这里说了人道和地道之"敏"，那天道敏什么？天道敏时，是不是？日月星辰交错更替，时间变化。在人道里面处理世间的政务，这是很重要的；那地道呢，这里提出了一个代表性的植物——树，以它的形态生长来代表。

夫政也者，蒲卢也。

这句表达很有意思，治理国家怎么像芦苇呢？芦苇成群地长在水中，如果底下的营养丰厚，这芦苇长得高大茂盛；有一些贫瘠的地方，那芦苇长得就不高。治理国家也是这样，就看这个环境是不是适合。还有为政以后会产生一个风向，就是政策导向，也就是像看风中的芦苇，它有一个方向性倾斜的趋势。

故为政在人，取人以身，修身以道，修道以仁。

这段话呢，不能分得太短，分得太短了就解释不了，它有一点汪洋浩瀚的感觉，要整体地看。"为政在人"，这件事情就不用解释了，因为我们在前面已经反复地说，人存政举，人亡政息，所以一定是依靠人才有政事的兴盛。

取人以身　性相不二

那既然为政是人决定的，当然就得选人。所谓取人，在哪儿取呀？我们是通过自己这个身体，把自己投到这个世界里来，我们在本性里出生，本来在觉知海里面。那觉知海是个什么状态呢？

宋代有一本著名的书，有学者认为在文化上的意义堪比《资治通鉴》，叫《宗镜录》，开篇就说："伏以真源湛寂，觉海澄清，绝名相之端，无能所之迹。最初不觉，忽起动心，成业识之由，为觉明之咎。"我们原来那个大智本觉像海洋一样，也就是我们的本性、天性、自性，那个"一"性。你不管怎么形容它，它就是我们全体世界的那个本体，也就是"道生一"的那个"一"，含融一切，一切都可生发。

那我们在哪儿冒个头出来呢？你冒头出来一个鱼脑袋，说明你投到鱼胎里面去了，由鱼卵生发来的；你要投到鸟卵里面破壳而出，你发现这投错了！头出头没，这就是生物的表象，其实原本都在那个本性当中，所以我们叫"出"生。

那出生以后，以"身"来到这个世界，昨天我们说了，不管男男女女，虽然相上千差万别，但是呢，性相不二。你现在呈现的这个相，显示的就是你内心的那个本性，所谓"以金做器，器器皆金"。所以我2007年在桂林封闭学习完之后，有一段时间不好意思照镜子，就是这个道理。人家可以通过你的面容表象，直接望穿内心，那是藏不住的。

"取人以身"，这什么意思啊？人力资源部门在接收简历的时候为什么要照片？现在的人力资源主管，有没有这种学问，我不知道。其实简历不应该光看这个大头像，应该是看全身的照片。而且，一定要复试，一定要面试，一定要面对面地交谈。有些人的照片，又P又修的，所以一定要见本人，见到本人以后就"取人以身"，你就大概率能够选出想要的人才。

这个身材是什么样的，已经说明了他自己的一切。你说我看不懂，你看不懂是你看不懂。那这经典放在这，很多人看的体会都不一样，所以你往那一站，那明道的祖师一眼就望穿。当着高人不说假话，就是这个道理，你就实打实地表现，还落一个老实。你在那遮，你在那装，那被人看破，不值一文，所以"Honesty is the best policy"。这是英文的一句谚语，意为"最好的策略就是诚实"。我们《中庸》里面就讲这个"诚"，后面会越来越多，所以劝大家，学明白经典以后呢，越学越真诚，越学越老实，这是你最好的策略。身的道理就不多讲了，大家以后慢慢学，这里就提示到这，它其实是一门很深入很实用的学问。我们每天都面临这个，比如男女找对象，要了解一下多高啊，长什么样啊，高矮胖瘦啊，很多男子都愿意找身形婀娜漂亮的女子；很多女子也都希望找一个高大健壮的郎君，这是基本的想法和要求。

再后来呢，说这不管用，那得看家世。你要娶这个人或嫁这个人，你得看他的家庭，叫"相门户"。我小时候始终没听懂啥意思，四十多岁我才搞明白，原来是这三个字！所谓相门户，就是了解一下你的门风、你家里人的气象，看看能不能把我姑娘嫁过去；或者是我娶过来的这个媳妇，将来能不能给大家带来喜气，带来福德，是娶到了"喜福"星还是说娶了个什么"丧门"星？过去都是要有这种风俗制度性安排。

但是我们现在知道这么深的道理吗？就都变成了一个走过场的程式化的形式了，基本上就是看有没有钱、有没有房、有没有车，就是这一套东西。有（好的物质条件），当然好，但如果万一人品不好、家风不好，我们论证了，那就像漏的筛子一样，多少钱都会漏空、打水漂。而且如果财富虽然多，但不是从正道来的，它一定会被水、火、王、贼、亲这五种因素分去、化去，最终竹篮打水一场空。所以两个人结合，最终看的还是人品；两个家族联姻，最终看的还是家风。仅凭一时之势之贵之富，往往多不长久。

一切福田　不离方寸

人品是由教育形成的，先有家教，然后师教，就是学校的教育，最后还有社会的教育。现在社会不教育了，在网上流行一个词，叫"社会的毒打"，不听教那就面临着社会的毒打。那为什么会出现这个词汇呢？可能因为卷得厉害，人家已经连解释你为什么不行的机会都不给你了，你直接就被淘汰了，有些人甚至连递简历的机会都没有。

那怎么办？用经典来办！只要学经典，就会有办法。因为如果你人化了，性格就能转变；性格能够转变，心就能转变；心能转变，身就能转变；身转变，对应的外在世界就能转变。所以秘诀在哪儿？在我们的心地上。我们学《论语》《大学》，现在是《中庸》，将来肯定还会讲《孟子》。孟子也说过一句话，叫"至诚则感通"，不用向外求，就在自己的心地上去感通。

《坛经》里有一句话叫"一切福田，不离方寸"。这句话要听懂啊，你想要的位、禄、名、寿，一切好东西不离方寸。方寸是什么？心哪。寸土之言是诗啊，诗本来就是心灵纯净的语言。人悟道了以后，一定会出口成章，一定会写偈语，那个偈语就叫作诗，它是心地去除污染和蒙昧之后性光发露自然流露出来的。

既然是在心里面，那么"求之不得，反求诸己"，岂不就是太自然的事情了吗？说到这里，秘诀掌握没有？"莫将容易得，便作等闲观。"我们苦苦相劝，仔细来说，这是人生无价之宝。从此，人生大体上可以保自己平安健康、顺遂发达。因为业天天消，福德天天长，正如《论语》上说的"君子道长，小人道消"。

修行上进是持久战，要定得住秉性耐得住寂寞。别回到家里三天，就说"那个姓钟的骗我，过去三天了，我也没什么变化"，不要太着急。

修身以道　修道以仁

"修身以道"，修时间长了，人有德相，德全不危，身体健康，人望之而尊敬，别人莫名其妙地想对他好。这种现象是怎么来的？因为我们是活物，不停地往外散发信息。这个信息呢，我们视之不见、听之不闻、搏之不得，但是有，真实存在。像无线电波一样，你随时都在发射和接收信息。那你向外界发出的是具有大福德的良善信息，你接收回来的就是与之相对应的所谓好的东西；如果相反，那乱七八糟的东西就来了。

所以有些人说什么"福无双至，祸不单行"，这是蒙昧的语言。听懂了，明白了以后，我们那个道德本性、我们的纯净心性就是传说中的那个神品——聚宝盆，它会演示赢者通吃，德者通吃。所以"德者，得之"。你要想一想无"得"是什么原因，然后回去修自己的"德"，把那个聚宝盆（德）修好，不但不漏，而且还可以让它无限扩大。天人合一和知行合一的中华优秀传统文化揭示，在身为"德"，与之对应，在外为"得"；在身有"德"，则在外可以有"得"。

"修道以仁"，不知"仁"在身体上的存在、位置和功能，纵谈修道也是盲修瞎炼。此"仁"既是心神的境界也是身体的结构要窍。人中在脸，心中在身。一颗仁心，我们具不具备那颗仁心？"一日克己复礼，天下归仁焉"，什么叫"克己复礼"？礼是由天道转化来的人伦规矩，守了礼就是守了天道；"克己"，克制自己的欲望，克制自己的妄念；"复礼"复的什么？复的是我们的天道本性，也就是说你天人合一了，你返回自己的自性了。所以"一日克己复礼"，就是一旦你能够克己复礼，你自己已经证到了一个圆满光明的大世界，你的自性已经呈现出圆觉的特征。

仁者，人也。

如果没有这颗仁心，就不叫人了，就叫"衣冠禽兽"。在思想境界上达到"仁"的层次，一种生物才能叫"人"。《素书》解释"仁"，为"人之所亲，有慈悲恻隐之心"，在市场上无休止地贪婪取利，不顾他人身心健康甚至不顾他人死活，按照中华优秀传统文化的定义，就不是人的行为；所以推到"为人"的极致，一定是"共同富裕"，一定是"天下为公"，一定是"老吾老以及人之老，幼吾幼以及人之幼"，一定是"甘其食，美其服，高下不相慕"。

高明之人　敬畏前因

亲亲为大。

从《易经·坤卦·文言》的"美在其中，畅于四肢，发于事业"，到《尚书·尧典》的"光被四表，格于上下"，到《论语》的"为政以德，譬如北辰，居其所而众星拱之"，到《大学》的"诚意正心、修身齐家"，中华优秀传统文化的立场都是从强调自身修养出发，按照"和睦家庭，顺转五伦，和谐社会，安平天下"这样的次序，逐层扩展。踏实恳切，步步为营。不尚虚华，不事玄远。诚如《道德经》所言之扩展顺序："修之于身，其德乃真；修之于家，其德乃余；修之于乡，其德乃长；修之于邦，其德乃丰；修之于天下，其德乃普。"道家的修身、余家、长乡、丰邦、普天下，和儒家的修身、齐家、治国、平天下，在提倡由己及人、由内而外的扩展过程方面，可以说"英雄所见略同"，无二无别。

是以"亲亲为大"，之后有"亲民"，之后有"止于至善"。要善待自己的亲属，亲近他们，爱护他们，引导他们，感化他们。这件事情是很重要的、很有启发性的，也很有判断标准的意义。例如，有些人，对自己家人不好，然后标榜自己对哥们儿、兄弟、朋友义气，非常仗义，你仔细想一想，这样的人靠谱不？他连自己的父母都不孝顺，他连自己的太太都不关爱、都不关照、都不忠贞，那对朋友是不是也一样？我们是不是要引起警觉，想想"你算老几"，他能对你好？他对你好也是必有所图，你是不是有权？你是不是有钱？你是不是能给他办事？

这就是"君子不立危墙之下"，就是有任何后患的东西都要在事先免除。我们普通的大众，只是敬畏不好的结果，真正高明的圣贤敬畏的是前因呐！就是此事刚一萌发，你就一下子看到它的后果，这才叫高人。

悖道昧德　常有身殃

义者，宜也，尊贤为大。

这个解释有点像《素书》，"义者，人之所宜"，可以参考一下。所谓本义，是说我们在本质上，你是男人就干男人的事，是女人就干女人的事，是父亲就把父亲当好，是妻子就把妻子当好。"所宜"就是应该做的。"全心全意为人民服务"，这是真的，只不过这句话说的时间长了，有些人认为你是喊口号，其实不是。而且按照《黄帝内经》和医圣张仲景揭示出来的道理，伦理和我们的生理相对应。

我们现在已经很清楚，那个本性就叫明德。那不明德不就是昧德吗？悖道昧德，你的本性不健康了，身体会健康吗？所以火神派有种说法"一切病皆为本气自病"，"正气存内，邪不可干"，身体不适，皆是因为正气不足，或者处于不适当的地方，冷气、寒气、邪气过于强大，你抵御不了。但正常情况下，正气足的人很少闹毛病。

仁、义、礼、智、信与肝、肺、心、肾、脾是对应的：仁对应着肝；义对应着肺；礼对应着心；智对应着肾；信对应着脾。去查《黄帝内经》，还有《伤寒论》的序言，我们引用过，"天布五行，以运万类；人禀五常，以有五脏"，根据这一揭示，我们知道了如果伦理上有缺陷，心理和生理上就会有表现，并且它一定是不好的，我们称之为"病"。如果伦理上有严重的过错，就会产生严重的症状；如果是不可饶恕的过错，很可能就产生"绝症"了，如果自己不肯回头认错，痛改前非，那几乎就难以复原。所以，司马迁写的《仓公扁鹊列传》里面有"中医六不治"，不是医生故意不给你治，而是你自己的心性不对，治不好。

"尊贤为大"，我们在世间，处理社会事务、社会关系，以尊重贤人为大。

亲亲之杀，尊贤之等，礼所生也。

这个"杀"读成"shài"，表示等级次序，和后面这个"等"是同义，次序也相对详细地介绍过了。这句话是说，关爱亲人要分亲疏差别，尊重贤人要有等级差别，并且由此诞生礼制。

在下位，不获乎上，民不可得而治矣。

在下位的人，如果不能得到长官的信任，就没办法治理人民了。

知天知人　事亲修身

故君子，不可以不修身。思修身，不可以不事亲。思事亲，不可以不知人。思知人，不可以不知天。

这种写法跟《大学》几乎是一样的，就连"修身、齐家、治国、平天下"这个顺序都是类似的，所以师父和徒弟之间到一定程度，他的文气都是一样的。"自天子以至于庶人，壹是皆以修身为本。"从天子到庶人，都可以成为君子，所以都要修身。

如果考虑修身这件事情，从哪里开始呢？"不可以不事亲。"注意，很多人说，这兄弟宁可不顾家人死活，也得对兄弟够意思。遇到这种人，你要当心哪！他到底是想要你啥？要你的权力，还是要你的钱财？对亲人都不好，他对你能好？就像齐桓公身边那几个佞臣，你看他们的名字——竖刁和易牙，太难听了；你看他们干的那些事，就不是人事——为了讨好国君，杀自己的儿子。所谓不是人干的事，那他就不具备仁心。我们前面说了，"仁者，人也"，我们定义他不是人，像禽兽一样；有些时候，禽兽都干不出来的事，他能干得出来，太疯狂了，不具备仁心，就有杀心、邪心、魔心，祸乱世界，祸害国家。

事亲人呢，"不可以不知人"。对待亲人好，你也得知道他的脾气秉性，要会识人断事。你看大舜，他爹和后母联合起来要弄死他，他的混账弟弟也要杀他，每次他都想办法逃脱，有大智慧。这就相当于是他"事亲"，但他也知道对方是什么人，可能会采取什么样的招数应对。

"思知人，不可以不知天"，天人合一，你要想真正了解人，你得了解大自然、本性、天性，了解到本质，才能知人。所以因材施教的这些祖师都是明心见性的，都是知天命的。

（六）

其实，人这一辈子，能够把自己的五伦关系处理好就已经算是成功的了。在本讲当中，作者告诉我们，有大德者能够心想事成；我们的心能够突破时空限制，"致广大而尽精微"，无处不在；鼓励我们力行所学之正道，要"知耻而后勇"；论证《大学》思想之来源，表明曾子也是"述而不作"；讲解了治理国家的九项原则，建议同仁效仿国策，早做规划，精进不息。最后，作者点明，诚者，天之道，规劝我们择善固执。

尊敬的各位同仁：

大家好！我们学习《中庸》到第六讲，已经知道了修身要事亲，事亲要知人，知人要知天的顺序。《大学》论证"身修而后家齐"，是说修行次第；《中庸》说"修身要事亲"，是说修行的场地和途径。事亲的过程就是要顺转五伦的过程，男女老少，各种性格，脾气秉性，立场观点，各种情况，五花八门，都会遇到，所以不知人很难做好"事亲"。那么为什么知人要"知天"呢？本讲我们结合《黄帝内经》中的《阴阳应象大论》的揭示，给大家简单说明一下。

配天养头　象地养足

天下之达道五，所以行之者三，曰：君臣也、父子也、夫妇也、昆弟也、朋友之交也。

天下有五种达道，我们可以通过三个途径做到。这五种达道就是君臣、父子、夫妇、昆弟、朋友，它其实就是我们经常说的五伦。

五者，天下之达道也。

"道"可以称为一阴一阳。君子之道、中庸之道"造端乎夫妇"，扩展开来变成五伦。这五伦关系处理得好，人这一辈子就算是成功的；五伦关系处理不好，就要出大毛病。

《黄帝内经》里面有一句极为重要的话，"惟贤人上配天以养头，下象地以养足，中傍人事以养五脏"①。昨天有同学问我一个问题：家里有家长头部不舒服是怎么回事？我非医生，但是排除外伤的情况，身体不适的情况，中华经典多半已经给了答案，"上配天以养头"，天道运行正常，也就是说我们所思所想符合天道、符合大自然的规律，它化为人伦，有一些事情做对了，你的头部是舒适的，要是没做对的话，它就不舒适，这就是"天人合一"。所以如果你要想头部舒服和健康，你就得无条件地去理解天道，遵守天道，践行天德，回归天性。头上有五官，儒家经典已经给出了人遵守天道的路径：非礼勿视，非礼勿听，非礼勿言，我们根据语言公式可以加上非礼勿嗅，非礼勿思，非礼勿念，非礼勿歌，非礼勿舞，非礼勿教，非礼勿食，总之，非礼勿行。

"下象地以养足"，大地是什么样的状态？地无私载，你给它什么乱七八糟的东西，它都承接了。你看看我们人类，排垃圾、倒脏水、吐痰，什么东西都往大地上扔，大地有不乐意吗？都承载了，它这个品性就是"厚德载物"。

那你在践行的时候，就要培养这个厚德载物，然后根据经典的揭示，人的腿脚就不容易出毛病。要听懂啊！尤其是老年，因为年轻的时候，怎么都好说。女子三十五岁以后，男子四十岁以后，要想腿脚不出毛病，就要"象地"，厚德，能容纳的就容纳，能包容的就包容，能原谅的就原谅。这很不容易做到，要拓宽自己的心胸，人的心胸都是忍辱撑大的。但是，天加福是逆着来的，你这一关忍过了，福德就会加过来，忍不过就没有。

---

① 出自《黄帝内经·素问·阴阳应象大论》。

注意，"中傍人事以养五脏"，中间最关键。什么叫"人事"？凡涉及人的，什么待遇、薪酬、工作岗位、婚丧嫁娶、吃喝拉撒等都可以叫人事，汇报、指示、沟通、协商都是人事。和五伦关系当中的这些人相处，是最容易伤到自己的五脏的。怎么伤的呢？通过应对时的起心动念、情绪波动、摇精劳神、动性耗气，都可以伤及身心。

"上配天以养头"，我们的师长是不是在上面？所以你如果头不舒服，你就试着反省，自己和自己的长辈产生了什么样的负面情绪？因为这个"情绪"是在你自己的"心地"里生发出来的，它会直接地影响我们的心跳、脉搏、内分泌，影响我们的组织、器官、系统、经络和细胞。我们学《中庸》，讲这个情绪的生理作用，必须结合这一块才能说清楚。

为什么"喜、怒、哀、乐之未发，谓之中"？人在平和的时候，没有情绪。你发出来的不"中节"，是一股"邪乎气"，它就存在相对应的位置上，因为"天人合一"，气通天地，气通四肢百骸，气通五脏六腑，气通骨肉皮肤。在中华传统文化中，长辈为"上"，晚辈为"下"，平辈为"中"，分别对应着人体的"气机"。所以你跟长辈关系不和谐，看上去是"身外的"独立存在，其实是保持着"无线电"联系，才对应在头上显示症状；跟晚辈闹情绪，才在腿脚下部对应；跟平辈就在中间对应，而且男左女右。其划分的状况有些类似"三焦"的范围，在道家传承里有细致深刻的探索。

总体而言，儒家思想最重视"修身"，可是近代以来的"分科"教育摒弃了通识教育，"分析"方法顶替了"体悟"方法和"贯通"方法，导致现在的儒学教育"修身"诉求与"伦理"机制脱节，儒家思想被割裂为脱离真实生命的"说教概念"，致使现代人不知道、不理解甚至不接受"吾道一以贯之"的孔门心法，以至于不能理解天人合一观下的中华优秀传统文化典籍的思想实质。

知、仁、勇三者，天下之达德也。所以行之者一也。

智慧、仁爱、英勇这三者是天下的大德行，而要践行这三种美德，关键的东西是一样的。

有大德者　心想事成

或生而知之；或学而知之；或困而知之。

"或"就是"有的人"，有的人生而知之，天生就知道。早慧的小孩，他在出生的时候不给父母添麻烦，就是晚上也不怎么要吃的，也不闹夜，一觉睡到天亮；上学以后，特别聪明，学习成绩好；即使不聪明，也不让父母操心，听父母的话，按照中国传统上的说法，他绝对是来报恩的。

在农村，有时候你会听到有些没念过书的父母骂自己的孩子："你就是个来讨债的！"你说他哪来的这种大智慧？那父母琢磨琢磨也是啊，天天受他气，还得给他钱花，你还拿他没办法，闹出事来你还得去救他，那不就是等于你欠他的？那反过来，他天天往家里拿三好学生证书、一百分的试卷，那父母绝对乐开花了！岂不是来报恩的？

为什么孔子称赞文王呢？他的父亲、孩子，都是了不起的圣人，他生到圣人堆儿里面了。这得有德，"大德者，必得其位，必得其禄，必得其名，必得其寿"。我们昨天还说"必得其师"，然后今天我们再加上"必得其家"。

那你自己也可以立志：男子汉大丈夫不要娶一个悍妇，我要娶一个贤妻良母。那你发誓积德呀，天天念这句"大德者必得其妻"；那女士呢，反过来，"大德者必得其夫"。道理是一样的，做学生，找不着好老师，那你就叨念"大德者必得其师"，然后你去积德；做老师的，如果想要"得天下英才而教之"，那你就叨念"大德者必得其徒"，终有一天，如其所愿，心想事成，他就来了。

《指月录》或者《五灯会元》里面记载，经常是有宗师一级的禅师就在那儿等。别人问他，你等啥呢，你咋不指定一个首座？他就说："我那首座刚出生"。我看到这样的情节就感到很惊讶——他从没出过山门，竟然知道他那个首座弟子刚出生！过十几年，他又说，"我那首座弟子，现在读书还不错"。忽然有一天，他就告诉寺院里面的后勤部长：打开山门吧！我的首座弟子来了。然后就有一个年轻人上山来了。读那些典籍里的故事是很好玩的！

心之在体　无处不居

"或学而知之"，有些人不是生而知之，他得通过学才能知道。我不知道在座的各位是不是有"生而知之"的，我就权当大家都是"学而知之"的人，拿个经本读两句，然后就清楚了。

"或困而知之"，这不是困觉的"困"，而是指人生困顿，就是人生有所局限，有所障碍不通，说明这个智慧层次已经到第三等了，但是他一样可以知道。古代有个词叫"增上缘"，因为难受，他就想突破，突破了以后明白了，所以这属于"困而知之"。我们现实生活中也有一些人，人生一定要经过这种锻炼，撞到南墙才知道这南墙是不能撞的。

及其知之，一也。

虽然知有快慢的区别，可是等你知道以后是一样的。像我们这个屋，这里有个门，那里也有个门，你从这两个门进来之后，都能到这个屋，"及其进之，一也"。

或安而行之；或利而行之；或勉强而行之；及其成功，一也。

"安"这个字，宝字盖下面有个"女"，这是古代的观念，说家里有个女人，这样男人就安定了，他就可以去耕地，去打食吃了，"心安而不惧"。《大学》里面对于安心这个事情，给了法门，也谈了不同的情况。二祖见初祖达摩，主要的问题就是心不安，他立雪求法，大冷天的，像个木桩似的立在没膝盖的雪里面，傻呆呆的。达摩祖师见状就问他："你要干吗？"他说："心不安，要求法。"达摩祖师说："将心来，与汝安。"把你的心拿来，我给你安一下。二祖默然良久，因为找了半天没找到，"寻心了不可得"。

这次讲《中庸》，一开始我就领着大家分析了你的心在哪儿。在脑门？在鼻头？在肩膀？在后背？你仔细想，心哪儿都在，又哪儿都不在。你说它就在那个地方，这就不对了。你说我的心在耳朵上，我马上就问，你摸鼻子的时候没有感觉吗？你说心在我的全身，对不对？也不完全对，因为你这个身是有局限的，而我们那个心本身是可以突破时空限制，不受局限的，所以你又说错了。

那怎么说才是合理的呢？"其大无外，其小无内"，在而无在，无处不在。当心安定下来，那就是"中"——"喜、怒、哀、乐之未发"的状态。恢复到本性，"何期自性，本自清净；何期自性，本自具足；何期自性，本无动摇；何期自性，能生万法"。只有安下来，才能慢慢呈现一切，这叫定。然后因定生慧，因慧行事，因行事而把文化发扬光大。

有的人呢，他天生就认为这就是我应该做的，心安理得地就去做了，这属于"安而行之"；有的人认为把这事做了有好处他才做。这是"利而行之"；那么还有一些人呢，不管是什么原因，好像极度地勉强，连拉带拽的，好不容易去做了，但是一旦做成功了，"一也"。或者说，不管你是保送上的北大，还是以第一名考上的北大，还是压着线进去的，等到考上了，大家"一也"，那就是重新洗牌，重新开始。也有成绩垫底进去的，后面发展得特别好；也有成绩名列前茅进去的，后面勉强毕业。

学而力行　知耻为勇

子曰："好学近乎知，力行近乎仁，知耻近乎勇。"

好学、力行、知耻，我们能不能做到？我们在座每一位同胞都可以说做到了。比如大家在雨天也赶过来听课，这不就是克服困难吗？大家不管刮风下雨，风雨无阻地过来听讲座，这就是有智慧，因为这两天的时间，你在家里刷小视频、打麻将，也很容易过去。所以您的选择就透露出您的智慧——大家知道什么是重要的。我们学习经典，是要从根儿上改，是要明心见性的，是要明道的。所以感恩大家成就本次讲座！也恭喜大家"不亦悦乎"！也祝福大家"好学近乎知，力行近乎仁"！

我们学完了之后，要知行合一，要力行经典教给我们的道理。他为什么在"行"前面加一个"力"呢？就是为了鼓励大家在生活当中一定要排除万难，充满力量地去践行——"近乎仁"！你只要肯力行正道，你的境界就和这个"仁"的境界接近。

"知耻近乎勇。"很多人说，现代人无耻，恬不知耻，说"黑红也是红"，就是只要能红，不管多么恶心、多么无耻的事情，他也敢做！你看看当今社会，就连丢祖宗八辈德的事情，他也敢在屏幕上做出来。这是叫勇吗？恶勇也算勇吗？居然能说"黑红也算红，只要有流量"！

在中国古代，从来不让伤风败俗的言论、做法占据社会的主流地位，道德永远是根本。所以中国传统经济学把"德本财末"作为基本的价值观，财富是建立在德行的基础之上，这不是人为的规定，是深刻的物理事实，只要观察的历史足够长，就能够验证。那你可能会说有一些缺德的人也在赚大钱，我说你别急，时间轴拉长，你往后看，看看他赚的钱最终导致了什么样的后果，他们是否能长久地拥有这些财富。我通过看历史和观察我周围的人，得出一个结论——毫无例外，只要悖道取财的，没有长久的，结果都不圆满，下如《大学》中所谓"货悖入者亦悖而出"。

知斯三者，则知所以修身。知所以修身，则知所以治人。知所以治人，则知所以治天下国家矣。

好学、力行、知耻，你知道这三点，你就知道如何修身。你知道了修身的方法，就知道了如何去管理人间社会；你知道如何去管理人间社会，那么你就可以去治理天下国家了。

所以什么最重要？好学最重要，能明白根本性的道理。明白了以后，要巧于推行，着力推行，不管怎么样都要把它办成。自己有不对的地方，要勇于承认错误，并去修改，这就是勇。

曾子大学　述古非新

凡为天下国家有九经，曰：修身也、尊贤也、亲亲也、敬大臣也、体群臣也、子庶民也、来百工也、柔远人也、怀诸侯也。

治理天下国家，一共有九项原则，分别是修身、尊贤、亲亲、敬大臣、体群臣、子庶民、来百工、柔远人、怀诸侯。

第一个原则为"修身"，这和《大学》的本意——"自天子以至于庶人，壹是皆以修身为本"是一致的，就是治理国家首先修身。

我曾经写过一篇文章论证《大学》的思想来源，其中一个来源就是《易经·坤卦·文言》，当中的一句话，多次分享给大家，无比重要，他对道家修身方法"添油续命""凝神入窍"的学习会有很大的帮助，所以记住"君子黄中通理，正位居体，美在其中，而畅于四支，发于事业，美之至也"。一个人通过修身，让自己成为一个"黄中通理，正位居体"的君子，这是外部事业成就的真正"物质基础"，是比初始投资的钱款、土地和设备还要重要的物质基础。这个"正位"是指心是正的，按照现在我们学的《中庸》的版本，他是处于一个中和的状态。

"黄中通理，正位居体"之后，他就达到"美在其中"的境界，就是他已经达到"心灵美"的地步。所以我判断《坤卦·文言》是"心灵美"这个词的经典文献来源。"美在其中"之后，慢慢地就会"畅于四支（肢）"，修的时间长了，心性逐渐纯净，人慢慢地就会有德相。所谓"发于事业"，就是有德相的人，精力充沛，才思敏捷，自然不愁生发事业。"美之至也"，你通过修身使自己的心性变得纯净，然后由纯净的心性指导你生发事业，待你事业有成之时，这种美是极致的美。这是《易经·坤卦·文言》对美的定义。

那我们就知道了，原来一个人从修身开始，心性纯净，体察天道，知道天命，知道本性，明心见性，纯净了自己的人性，然后就与天性合一。天人合一了，也就明道了，也就明明德了，所以开始"亲民"，开始在世间行事，开始"止于至善"。所以我认为《易经·坤卦·文言》是《大学》"内圣外王"的思想来源。

我们前面提到过从修身开始的"扩展秩序"，儒道同源，那《大学》的思想不止这一个来源。孔子教授弟子，不只让大家学《易经》，另外的《诗》《书》《礼》《春秋》也得学啊。其中《书》就是《尚书》，目前我们能看到的《尚书》，第一篇是《尧典》。尧是什么人呢？《书》曰："帝尧，曰放勋，钦、明、文、思、安安。"这是在形容尧人性的光辉。尧达到了什么样的地步呢？"允恭克让，光被四表，格于上下"，他的那个智慧之光透露出来，已经让四方上下都能感觉得到。然后"克明俊德，以亲九族"，他把上下亲属，也就是五伦关系处理得非常好，而且扩大到"九族"，他也都处理得非常好。再往外，那就是"百姓"了。百姓处理完之后，那就"协和万邦"了。介绍尧的整个过程说的是什么呢？说的还是一个人修身修得好，性格就好，然后智慧就高，慢慢地向外发散，有德相，有德行，然后齐家、治国、平天下了——修身成就的外在表现是"万邦和谐"。

《坤卦·文言》里面说的是基本理论，《尧典》说的是案例教学。二者以不同的角度阐释了《大学》当中的诚意、正心、格物、致知、修身、齐家、治国、平天下的过程。所以《大学》我读着读着就发现，这不就是《坤卦·文言》和《尚书·尧典》的理论总结和细化吗？它相当于一个大的注解。

《论语·为政》当中说："为政以德，譬如北辰，居其所而众星拱之。"有这么一个人做事情做得好，成为人们的中心，他就像北斗星一样，居于北部天空的核心位置。这也就是说，一个人做人做得好以后，向外发散，才能够显示出你的修身，显示出你的德行，然后家庭和谐、事业发展，一直扩展到天下。这不就是圆觉吗？这不就是《大学》吗？所以它的思想来源从这里来的。

治国九经　各有其效

修身，则道立。

"修身"以后"则道立"，它是一切事情的起始。看《论语》开篇《学而第一》的第二段话，有子曰："孝弟也者，其为仁之本与！"孝道是为人之本，"本立而道生"啊！我们修身，可以看作是孝道之始，因为《孝经》里面讲，"身体发肤，受之父母，不敢毁伤，孝之始也"。这是最基本的，你保护好你这个血肉的身体，这本身也是孝道之一。然后你又能发挥性德的光辉，"充实之谓美"。别人一看，你气很充实，道德充实，显示出德相，说这家有后人，出圣贤。

尊贤，则不惑。

尊重贤者，你尊重他，他会教你，给你示范道理，而且你让自己立于谦卑之地，本身就是明白人的做法，不容易产生昏招啊。

亲亲，则诸父昆弟不怨。

你以亲人为亲，对大家态度都特别好，有好吃的不忘分别人一口，有好用的不忘和别人分享一下，让亲戚也能合理合法地沾到光。你要是对自己的亲戚疏而远之，自己过自己的日子，有好东西藏着掖着，那时间久了，你的亲戚们多少会有怨恨，那你的五伦关系就不和谐了。其实在单位里也这样，上下关系不和谐，事情没法处理。不近人情，五伦关系不和谐，处处受制，处处受限。

这里需要强调的要点是，"亲亲"绝对要在合情、合理、合法的前提之下。

敬大臣，则不眩。体群臣，则士之报礼重。

"敬大臣"和"体群臣"合起来看，这是从"天子"的立场和视角来看问题。大臣那当然是重臣，位高权重，敬他"则不眩"是什么意思？我们说头晕目眩，是指看不清楚是吧？所谓"敬大臣"，就是你要把整个国家的大政方针搞清楚，知人善任，委任给重臣，合理分工，各司其职。因为你敬他，他就会把他的职责落实好。大臣摆在前面，天子居在后面。天子不犯大臣的风头，相当于"治道之要，贵在不扰"，大臣恪尽职守，尽心尽力，朝纲稳定，就不至于使自己迷惑，不至于自己被自己欺骗。

"体群臣"，群臣就是一大群人，因为这里一开始说治理天下有九经，那么这句话其实是替皇帝、天子、王、诸侯这些人说的。即使是这些尊贵之人，他也得从修身、尊贤、亲亲开始。如果是天子，他尊重贤人的话，那这个贤人同时也是他的臣民和国民，所以他也得礼贤下士。即使是文王，他也得跑到渭水之边去请太公来帮他。那这个尊贤就等于找老师了，像刘皇叔，一而再，再而三地到南阳去见卧龙，人家睡觉他也得等着。那三分天下有其一，怎么实现呢？得有个明白人给他谋划，所以他才能不惑。

那天子也有亲戚，你不能登上了皇位之后，面对父母就不敬了。一般情况下，接替皇位以后，有太上皇的很少，但大概率母亲还在，那早晚你都得向她老人家请安、问候。然后自己的这些兄弟，该封王的封王，该给待遇的给待遇，这才能做到不生怨——很不容易。作为天子，他尊重大臣就属于上敬下，大敬小，那大臣通常终生忠贞于他，他有重臣替他支撑着，就不至于看不清局势。甚至有一些人，可能名字你都记不太准，但是你也得体恤他、体谅他，都是生活在社会当中的人，都不容易。所以"则士之报礼重"，这就是说有付出就有所得，你体恤他，他会回报你忠贞不贰。

子庶民，则百姓劝。

中国古代的观念，作为天子，所有这些民众都是你的"子民"。我们看县官，一县之中他就是百姓的父母官，那人民不就是他的子民吗？以庶民为子，就相当于是以父母爱护子女的心态爱护民众，体察他们的难处。我们讲经典，劝善，那"百姓劝"是什么意思？百姓顺化、驯化，逐渐地都成了良民，安居乐业。

来百工，则财用足。

"来百工"就是招工，以前叫来工。"则财用足"，在古代，发展手工业也是容易增加社会财富的。在任何社会里面，这都是财富快速增长的途径。在现代西方经济学里面，曾经流行着重商主义、重农主义。我们现在的学生学的重农主义、重商主义，都是学的外国的教材和做法，没有中国的，就好像中国没有重商，没有重农，这完全是近代以来殖民侵略和文化垄断的蔓延。随着中华民族的伟大复兴，中华优秀传统文化也要重回历史舞台。

那我们现在恢复中国传统经济学的体系，讲清楚中国经济文化史，是从我们中华远祖开始烧陶讲起。我们能烧陶就说明我们能自由地用火，有窑，然后有器型设计，这就说明我们有"工艺美术师"了。随后，我们还得挖烧陶用的泥，那个泥也是特殊的，后来就发展成了冶矿，冶炼出了青铜。

有了陶，我们就可以储存粮食、储存水，生活就有了一定的品质，而且陶还可以用来把食物煮熟。即使现在，我们去一些餐馆，还可以吃到用陶瓷碗蒸熟的米饭，这也是一个特色。根据2009年中美考古队得出的测定结果，目前发现最早的陶片距今两万一千年。也就是说，在两万一千年以前，中华大地上的祖先已经可以自由地用火。这难道不是人类在利用能源上的一次质的飞跃吗？

由此推断，燧人氏①的年代至少在两万一千年前，他比伏羲氏要早，因为伏羲氏距我们才八千一百多年。按照这种方法，我们利用文物、文献和活的传承文明来恢复中华上古史，把华夏史观恢复到当下。这就是2023年12月新华出版社出版的《五帝本纪通解》一书的基本研究方法。

柔远人，则四方归之。

怀柔，对人和气宽容，那么远方的人也来归化，叫"四方归之"。人越多，来的人越多，归顺的越多，才能也越多，有人气就有财气，这个国家就会兴盛了。一如《素书》所言，"国将兴者士先归"。

怀诸侯，则天下畏之。

"怀"有"怀抱"的意思，这里是说对诸侯好一点，就是安抚诸

---

① 燧人氏：华夏人工取火的发明者，教人熟食，结束了远古人类茹毛饮血的历史，开创了华夏文明，奉为"火祖"。

侯。安抚有两方面：一方面是施恩于诸侯，诸侯就会衷心拥护你，那么全天下没有人敢造反，都会敬畏你做天子的权威，所以"天下畏之"；另一方面可能也有震慑，让诸侯们知道敬畏，所以"天下畏之"。

九经所行　遵从一理

齐明盛服，非礼不动，所以修身也。

那个"齐"要读成"斋"。"齐明盛服"就是在礼仪上做得如理如法，按时进行。每次举行盛大仪式的时候，在礼仪服装上显得非常隆重、庄严、盛大，所以"非礼不动"。在《论语》当中，"非礼勿视，非礼勿听，非礼勿言，非礼勿行"的后面可以加一个"非礼不动"，什么叫"非礼不动"？就是这个东西动了就非礼，那你就不要动。"非礼勿行"和它是同一个道理，依礼而行，依礼而动，这就是修身。

去谗远色，贱货而贵德，所以劝贤也。

怎么劝贤呢？"色"本身我们可以理解成美色；在古代，它也有一种代表全部物质现象的用法，比如《心经》里面说"色即是空，空即是色"；此外还有诸如"巧言令色"的用法。所以"去谗远色"，我们可以理解成"去除谗言，远离美色""去除谗言，远离那些巧言令色的人"或者"去除谗言，远离外欲（物欲）"，这三种解释供大家参考。

"贱货而贵德"，远离物质的贪欲，以德行为贵。从历史上来看，若所有读"四书"通过科举进入仕途的士大夫真能理解这句话，绝大部分贪官都不会产生。

　　尊其位，重其禄，同其好恶，所以劝亲亲也。

　　尊重他所处的官位、爵位和位置，给他加薪；"同其好恶"，你喜欢的我也喜欢。我记得苏芮有首歌叫《牵手》，里面有一句歌词"因为爱着你的爱"，"所以劝亲亲也"。你看，劝勉亲人的方法都教出来了，这真是苦口婆心哪！

　　那大家回去会不会用啊？你在面对婆婆的时候，要尊重她的身份，虽然你不给她发工资，但是逢年过节给她一个红包，哄她开心，然后她喜欢的你就说你也喜欢，她讨厌的你就假装也讨厌，在意见上跟她穿一条裤子。那她就会觉得，我又得了一个"亲姑娘"，比我家那亲姑娘还好。因为亲姑娘呢，她无所顾忌，跟自己的妈妈也敢吵架。因为吵完了也没隔阂，只要不过分，还娘是娘，姑娘是姑娘。但儿媳妇这个就得有技巧，你要真对她好了，她就会觉得你有礼数。有些时候姑娘敢造，她仗着亲娘的宠爱可以没大没小，但儿媳妇不会。这样，既对她好，又不冒犯她，又不顶撞冲撞的，她就会觉得这媳妇比我养的这个姑娘强多了——好方法呀！

　　官盛任使，所以劝大臣也。

　　"官盛"就是升官，或者给他平挪到重要的位置，然后让他去替你完成任务，让他做钦差大臣，委以重任，重用他，相信他。这个时候，你再给他一点劝告、忠告、提示，对他耳提面命；为之君，为之师，教他；为之亲，显得很亲切，做天子的劝大臣也不容易啊！

　　忠信重禄，所以劝士也。

　　"士"是"体群臣"的对象，就是一帮士子，等于是中产阶级、中层官吏，他们在大臣以下。"忠信重禄"，这是做榜样，勉励他们在本职上兢兢业业，为国家效力，这是尽忠；然后说到做到，依制而行，这叫有信。长官有信，底下人就有固定的操守。"上无常操，下多疑心。"这是《素书》里面的话。上面当官的，刚说完就变了，没有一个固定的操守，那"下必疑之"，底下人就会质疑"这哥们行不行啊？"队伍就不好带喽！

"重禄"，跟前面是一样的，你只要当官，就要重视这个待遇问题，你要给他一个好的俸禄。"所以劝士也"，"劝"有"劝进"的意思，后世把科举当中最高等的人才叫作进士，意思就是劝你上进。比如，最近东南亚的一个城市国家换了新总理，他的年薪是多少呢？大约二百二十万新币，约合一千一百万人民币，这就是高薪养廉。你合法的收入就有一千多万，那你还有必要贪吗？

时使薄敛，所以劝百姓也。

你不要在农时让百姓去服徭役。古代是农业社会，农业乃天下之大本，民以食为天。百姓手中有粮，心中不慌，只要有饭吃，就不容易闹起义，所以百姓没饭吃，是一个朝代要死要活的事情。所以"时使"就是在不违农时的情况下让大家干活的意思。

我们说找人帮忙，要看出一个眉眼高低来。人家忙得焦头烂额的，你这头追着，芝麻绿豆那么大点儿事，却要求别人立即解决；很多人去拜访人，也不提前预约，一点礼貌都没有，以为天下就是他自己家的，以为别人活着就是为他活着，电话打过来，你马上就得给我解决。本身这就不是高贵的做法。比较上档次的做法就是提前一定的时间，以合适的方式，用礼貌的措辞进行沟通、预约、确定，然后来的时候该穿正装穿正装，准时、得体、有礼。

"薄敛"就是少征税，让利于民，藏富于民，所以大家都会开心。

那如果本来赚一百个，我交十个就行，叫"十一税"，现在假如说交60%了，那大家就觉得这太过分了！《道德经》里面说"民之饥，以其上食税之多"，抽得太狠了，他好治理吗？不好治理。怎么好治理呢？你把利让给他。汉文帝在位二十三年，前一半时间农业税减半，后一半时间农业税干脆不征了，全是你的，那不"天下归心"吗？这皇帝太好了，所以自周朝五百年以来，第二次使天下归心，这是史书上的记载。什么叫天下归心？就是全天下人都觉得这人好，他家当皇帝，我们能过好日子，所以天下归心，这开启了"文景之治"。

但国家能总这样吗？不能，国家发展到一定程度，必须集中财富做几件大事。比如说汉武帝的时候就要对匈奴用兵，否则经常闹边患，他们杀我们的人，抢我们的财富，那就要打，打就得打服他，打跑他。那军队就需要给养，因为大规模的战事，军队屯田难以自给自足，所以"文景之治"攒下的家底全让汉武帝用掉了，同时也打出了汉家天威。

武帝是文帝的孙子，晚年受方士蛊惑，杀了自己儿子（太子）全家，只有一个小娃娃，太子的孙子，由于丙吉的舍命周旋才保存下来，也就是后来使汉朝中兴的汉宣帝。所以一提起"汉武大帝"，我通常就是，不能说嗤之以鼻，反正是需要商榷、客观评价的。

日省月试，既廪称事，所以劝百工也。

这些招来的工匠都是能人，按照现代的说法都是"工艺美术大师"，他是有突出技能的。有技能的人往往也是有性格的；有性格的人就容易有自由主义倾向，也就是不怎么服管。尤其是遇到"外行管理内行"的情况，就更是如此。那怎么办呢？就得设计出一个大家公认的行会规矩，然后进行公认的考核和品评。"是骡子是马拉出来遛遛"，然后看看谁技艺高，技不如人，那你就得服气。所以"日省月试"，就是经常视察、考核的意思。

那个"既"读成"系"。"廪"是粮食的意思，所以"既廪"两个字就是薪水啊，报酬啊，给养的意思，就是你要供给他基本的条件。"称事"，你给他的东西和让他做的事情要相称，像我们研究地方与中央的财政关系，财权与事权要相配，你要求地方干的，你得给地方以财权，他没有这个财权，就难以举事。

送往迎来，嘉善而矜不能，所以柔远人也。

这就是外交了。在接送客人的过程当中，对于表现好的人给予奖励、表彰；对于那些表现不好的给予一定的劝慰、关怀，甚至怜悯、同情，让人觉得，"哎呀！这人为人太好了！做得不好，他也能够关怀一下"。所以逐渐地，远处的人也会愿意来，愿意归顺。

继绝世，举废国，治乱持危，朝聘以时，厚往而薄来，所以怀诸侯也。

所谓的诸侯，他一定是有战功或祖德的，像商朝灭亡以后，武王把夏的后人东楼公封在了杞国。商代的后人被封在宋国，武庚叛乱被杀了，那么作为商人的后代微子启就做了宋国的国君。也就是说一提宋国国君，那就是商的后代子孙；一提杞国国君，那他就是夏启的后代、大禹的后代、夏朝的后代。

所以古代改朝换代的时候，叫"兴灭国，继绝世"，新的天子不会把你这个血脉全部赶尽杀绝，总是会给你一个地方，哪怕是一个小国，你也可以有足够体面的收入，去祭祀你的先祖。这是中国古代政治里面一个极为重要的伦理——不对前朝子孙进行赶尽杀绝，除非你叛乱。

"治乱持危，朝聘以时。""朝"是诸侯亲自到中央去见天子，这叫朝拜；"聘"就是聘礼。聘礼的由来最初就是诸侯没有时间朝拜天子，或者是由于他有什么重要的事情，或者是年老体衰走不动了，他就会派出一个特使代表他持礼去拜见天子，所以"聘"是派使去见。"朝聘以时"，就是朝聘的时间要对，跟不违农时是同一个道理。如果这个诸侯国正忙于战事，你非得让他来朝见，那就不是"朝聘以时"。

"厚往而薄来"，人家来的时候，带了一车皮土特产，然后回去的时候，你就给一个小红包，这是说不过去的。你在回礼的时候至少要备上一车皮礼物，而且档次还要显得更高贵一些，要么质量相差无几，要么数量多一些，才能显示出天子的胸怀和皇恩浩荡。那我们普通人跟人接触也是，你送我一个杯子，我送你一个更好的杯子；你送我一本书，那我送你一套书。回礼的时候尽量多一点。你家小孩成亲，人家给了两千块钱，那你回礼的时候，至少两千块钱，正常情况下要多一点。

凡为天下国家有九经，所以行之者一也。

治理天下的这九项原则，看似分开的九条，其实它们的精神是一致的。

提前规划　精进不息

凡事，豫（预）则立，不豫（预）则废。

这是千古名言，耳熟能详，到现在也不一定每个人都做得好。很多事情猝然临之，仓皇地应付过去，睡两觉以后又把这事忘了，下一次类似的事情再来，又是一通忙活，焦头烂额，忙活完了以后，又是放松过去。人是很有意思的，你看历史就会觉得，人唯一在历史当中能够吸取的教训就是知道了"人不吸取教训"，所以能够真正吸取历史教训的人，就能够鉴古御今。

言前定，则不跲。

说话预先有预备，就不会遇到阻碍。事先有约定，届时就不会打麻烦。这个"跲"，只看字面是"合足"，两个脚被合在一起，表示不自由、不灵活，无法应变的意思，引申为"绊倒"。

事前定，则不困。行前定，则不疚。道前定，则不穷。

你看这一段话，指出言、事、行、道四个方面，都需要有一个提前的谋划和规划。比如说，我们有"十四五"规划，"十四五"规划完成以后，那显然还会有"十五五"规划；我们还有2035年远景规划，还有21世纪中叶——新中国成立一百年的时候，我们要实现社会主义现代化。这就是言前定、事前定、行前定、道前定，早就规划好了一张蓝图，然后我们执行到底，最终实现中华民族伟大复兴，这是国家的智慧、国家的方案。

国家现在制定长远规划，那我们自己有没有长远规划？虽然我们说"过去心不可得，现在心不可得，未来心不可得"，然后《易传》上说"君子居易以俟命"，随缘自在，但还是要有一个规划，万一实现了呢？还是要有个目标，万一实现了呢？还是要有一个目标指引着我们，今天懈怠了，你就知道这是偏离目标的做法，就得赶紧调整状态。这样，你活得才不至于是一摊烂泥，不至于大白天就睡大觉，然后让别人说自己"朽木不可雕也"，烂泥扶不上墙；这样，我们才能精进不息。有目标而全力以赴，但是并不执着。

诚者天道　择善固执

在下位不获乎上，民不可得而治矣。

处于下位的人没有得到领导的信任，没有得到官位，所以就没有机会去治理国家和社会，这是简单的逻辑。即使得位了，但是得不到领导的信任，没有政策的支持，人民容易得治吗？事情好做吗？不好做呀！从古到今，总结出一句话叫"朝中有人好做官"，你朝中有人，你就可以了解政策，可以有人帮你解释，有点错误也可以及时地去疏通，求得谅解。

获乎上有道：不信乎朋友，不获乎上矣。

获得上级的重视和信任是有方法和规律的，可是如果你不能取信于朋友，"不获乎上矣"。这很关键了，上面考察，进行投票，但你没能通过民主推荐，那你就不能够"获乎上矣"。这句经典特别适合用来形容现在的干部选拔方式，没有群众基础的人一般是不会得到上级组织器重的。

但是这里面有一点需要强调，不是所有的人都适合这样的评价方式，尤其是技术岗位和某些"天才"人物。一般性的干部考察可以用这种方式，个别重大历史关口的把握和重大技术进步的突破，群众要反过来听从关键人物的决定。

信乎朋友有道：不顺乎亲，不信乎朋友矣。

我们讨论说过这件事情，你和他相处，他连自己的父母都不孝敬，他会和你成为好朋友吗？所以我们看人，看他对父母长辈的态度，看他对兄弟姊妹的态度，以此作为他是否可以获得位置的一个判断，这也符合"大德者必得其位、必得其禄"的道理。不敬父母就是不孝，那就不是大德，他就得不到位、得不到禄。

顺乎亲有道：反诸身不诚，不顺乎亲矣。

你顺着五伦关系和亲人相处，这里面也是有规律的。大家看你"身不诚"，那就"不顺乎亲矣"。

诚身有道：不明乎善，不诚乎身矣。

"诚身"也是有规律的，你要明白我们的本性是纯净、纯善的。你要不明白这个道理，你如何走善道？想要"诚乎身"也是不可能的。一连串的关系，推到哪里去了？推到诚意、正心、格物、致知上去了。所以《中庸》和《大学》显然有思想贯通之处，它俩是一脉的师承。

诚者，天之道也。诚之者，人之道也。

这句话太有名了，我们引用过多次。我们凭借现代的物理学知识知道整个宇宙天体的运行极为精密，近现代物理学的发展，用公式推出来，包括我们现在这个无线通信，来源于麦克斯韦方程，一百多年了。那个方程刚写出来的时候，大家一是看不懂，二是看懂了认为没用。可是无线电的发展，让我们的社会呈现出今天的状态。我们只要把号码拨对了，就能获得非常清晰的图像和声音，从哪里来的？自然之道。"诚者，天之道也"，非常的精微、精密、精妙。

那我们人类要想把天道应之于人事，应该怎么办呢？"诚之者"，认真把天道践行于社会，就是"人之道也"。

诚者，不勉而中，不思而得：从容中道，圣人也。

这个"诚"相当于解释天道了，那天道有什么特征呢？"不勉而中"，不需要费劲巴拉地去求，自然而然地就中，恰到好处；"不思而得"，我们还得思前想后去设计、去谋划，他是不思而得；"从容中道"，这个人很从容，处于中道之中，不用解释，大家体会一下，他是一个什么样的状态就知道了。

所以得天道者，他的做派就是凡事不急不躁，不偏不倚，不迎不拒，从容中道，不勉而中，不思而得。达到这个境界的人，那已经是天人合一了。

这个"诚者"说的是天道，可是在人间表现出来，谁能做到呢？"一言以蔽之"，圣人。那我们现在没到圣人的境界，就得努力了。

诚之者，择善而固执之者也。

"诚之者"是怎么做的？"择善而固执之者也。"现在我们一提"固执"，好像是负面的词，但它的原意就是指为了能把一件事情做好，就像颜回那样，"得一善，则拳拳服膺而弗失之矣"，终生守之，从不半途而废。这个"固执"不是贬义，而是褒义，说明"择其善者而从之"，精勤上进，不会半途而废。

（七）

如果我们比别人愚笨，也不用自卑，因为勤能补拙嘛！正所谓："人一能之，己百之。人十能之，己千之。"在本讲当中，作者点明至诚意义非凡，既能尽人性、物性以赞天地之化育；又可使人化性，让心灵蜕变、智慧开启。此外，至诚还赋予人预判的能力，超脱认知局限以洞察未来。"诚"圆融天成，对于个人来讲，"至诚"如命运重塑之手，将人生轨迹引向光明，其境界高明至极，功用不彰自显。至诚之人，能够洞察整个社会发展的趋势，然后根据自己的处境，采取相应的措施，所以足够自保。

人虽愚柔　笃行能克

博学之，审问之，慎思之，明辨之，笃行之。

这一段话，是中国历史上特别有名的经典名言，它的引用率非常高。但是引用率特别高的内容呢，往往就变成了老生常谈，就很容易挂在墙上，然后自己该干吗干吗，跟自己的心性、生活不发生关系。本来我们是想把它作为座右铭——座位右边的那个名言来提醒我们，可经常是变成"熟视无睹"，见得多了反而不入心、不入脑，无动于衷。

"博学"，这个好理解，"审问"，也可以说"切问"，就是更加详细地去追究；进一步的"慎思"，在理性上进行一个推断，还要用智慧的观照去"明辨"，尤其是判断大方向、是非对错。把这些搞清楚了以后，我们就获得了正知正见，然后按照它指导的方向和原则认真地执行，这叫"笃行"。所谓"知"以后，重要的落实就是"行"。

有弗学，学之弗能，弗措也。

有一些内容是我们自己没有学过的，那你学起来，就要"弗能""弗措"，即使学不明白，也不要轻易地放松、放弃。

我们一开始提到，学习中庸之道，难不难？那太难了，比管理天下、均分天下、辞去爵位、赤足蹈刃还要难——算了，不学了，很多人真的就是这样。这些年我在全国各地讲座，就碰到有一些人说"哎呀！太难了，算了吧！那是圣贤做的，我哪能做到？"他其实没明白一件事：心性上的学问和我们学历高不高没关系，和认识字的多少也没什么大关系。

当然你不能听到这句话后也这样说，除非你跟慧能大师差不多。在我们这个时代，能多读经典还是要多读经典，只是说在面对这个问题的时候，你要知道，即使不识字，也可以直达天性。这也是可以实现的，不要轻易放弃。

有弗问，问之弗知，弗措也。

我没有学过，也没有问到过，叩问之后，即使我不知道，也不要放弃，

有弗思，思之弗得，弗措也。有弗辨，辨之弗明，弗措也。有弗行，行之弗笃，弗措也。

这些道理都是一样的。学、问、思、辨、行，就是前面这五个总纲，学要博，问要审，思要慎，辨要明，行要笃，就是做到底。

人一能之，己百之。人十能之，己千之。

我还真是跟人讨论过这件事情，别人十遍可以解决的问题，我通过三百遍能解决也挺好。有些人说自己年纪大了，记不住——这一念就把自己封到外面去了，然后就不学了，就弗学、弗问、弗思、弗辨、弗行，就不干了。我说越是往后，年龄越大越应该熟读经典，防止老年痴呆。实际上，人的记忆力应该是年龄越大越好，因为他的概括能力、思辨能力、贯通能力在经验的基础之上，应该是越来越强。

可是现在人为啥说记忆力不好？就是脑子乱了，再加上没有一个持之以恒的专一精神，也就是说，没有好的学习方法持续坚持，他当然就记不住。那现在这个方法告诉我们，人家一遍就能记住的，我们十遍行不行？人家十遍能记住的，我们千百遍行不行？

我的体会，记忆能力主要在后脑，其实是人体元精的功能。充实

元精，记忆力就好；耗费元精，记忆力就差。记忆是体力和脑力的综合能力。

果能此道矣，虽愚必明，虽柔必强。

你真要是能这么做，即使你很愚笨，也必定会聪明起来；即使你很柔弱，也必定会刚强起来，逐渐走入中道。

至诚尽性　赞化天地

自诚明，谓之性；

你自己通过至诚修为，然后明道、明德、明仁、明义、明理，这就是"谓之性"。人本来那个性就是"明德"，加上修为就是"明明德"，那你就明心见性了，由此就知天命了，由此就知道你自己的生命是怎么来的了，由此就知道你这一辈子要干什么了。那你知道了方向，中间转几个弯，会阻碍你最终达到你要去的目标吗？不会，弯弯绕绕也阻碍不了我们前进，坑坑坎坎也阻碍不了我们登上"法性高山"。"法性山高，顿落群峰之峻；醍醐海阔，横吞众派之波"，这才是中国风格、中国水平、中国气派的表达。

自明诚，谓之教。

你通过自己看书或者有老师教，明白之后才发现人应该老实，为什么呢？因为被高人觑破，一文不值，越是明白越老实，修到最后都是老实人，不再偷奸耍滑、自以为是。这就是教的结果，也就是教化、教育产生的明理的结果。

诚则明矣，明则诚矣。

"诚"和"明"这两方面都可以达到中道，成为君子，懂得大学之道。

唯天下至诚，为能尽其性；

只有至诚这一条道，才能充分发挥他的本性。孟子他老人家应该听到子思讲过这样的观点，所以他在《孟子》当中谈到"至诚则感通"这个道理。

能尽其性，则能尽人之性；能尽人之性，则能尽物之性；能尽物之性，则可以赞天地之化育；可以赞天地之化育，则可以与天地参矣。

这段话得连续地读下来才能做解说，因为它们是一个整体。"唯天下至诚"，这是"诚"到极点，"诚"到极点就能"尽其性"，不管是人性还是物性，他都能通达。按照古代的观念，我们自己这个人生叫作正报，随着你来的这些外在的环境——天、地、人、事、物叫依报，依你而来。所以我们说，你是人的视角，你看的就是人的世界；你是禽兽的视角，你看的就是禽兽的世界。

虽然我们都是人，但我们每个人看到的这个世界是一样的吗？相似，大体一样，不是真的完全一样。比如说我们看红色，就有红绿色盲，对吧？我在小的时候参加高考，要通过一个体检，有些同学就是看不清楚那个图案，当时我就觉得奇怪，后来慢慢地就明白了；或者后来我这个眼睛近视了，看东西模糊，那眼睛正常的人，他看东西也模糊吗？不模糊，是你自己出了问题。外在的事情求之不得，一定要找自己内在的原因。

所以"尽其性"以后，等于是把自己的本性搞清楚了。搞清楚自己的本性以后，从自己的正报推到外面的依报，就是你自己的身心、心性决定着你外在的环境；那外在的环境要想改变，必须你改变。

我们知道，心越清净，越能感知周围人的内心活动；越粗糙，甚至连枕边人想什么你都不知道，这活得就太粗线条了。当一个人沉静下来，周围的人有什么样的思想波动，你是可以感知的。所以你要想感知，你就要静定下来。以前我们看经典不是看到过吗？一个人去找那个有道之人寻求帮助，这个有道的人怎么帮他？就是让他打坐入定，让他静下来，自己明白该怎么做。

所以你能知道自己的本性，就能尽其他人之性，进而你也可以转化外在的物性。这样的话，你就可以"赞天地之化育"。万物在天地之间生出来之后，我们为什么要有施教啊？就是为了让它们也能明天道、复本性。上天本来纯净、纯善，希望人人都是好人，希望物物都是善物。但是呢，人和物都有不善的，那怎么办？就需要世间有明道、明德、明理之人来帮助，这就是"赞"，"赞天地之化育"。

所以天无心，以人为心，你得为天地立好心；天无言，你得发声，作圣人之言，体现天道，把天道通过人言表示出来，让大家明白，然后我们一起践行。众人践行符合天道的行为，最终大家集体"人道尽，天道返"，自然和谐，天人合一，世界是一个好人的世界；然后风调雨顺，国泰民安，天清地宁，蓝天白云，风和日丽。

人能至诚　前知如神

其次致曲。

做不到"天下至诚"，差一点，能到什么程度呢？"致曲"，就是在细微处下功夫。"曲"是弯弯绕绕，这里引申为微小的东西。

曲能有诚；诚则形；形则著；著则明；明则动；动则变；变则化。

好像又说回去了。当你努力去探索幽微的内容时，那你也能有"诚"，就是你也能够接近"至诚"。

那"诚"了以后会有什么？有形，什么叫有形啊？就是"诚"于中，形于外，内里真诚，别人从外表是能看出来的。所以"诚则形"，会有外在表现。

"形则著"，表现出来之后，那就是变得明显了。

"著则明"，显著了就会发扬光大。

"明则动"，发扬光大就会感动他人，这可以说是由于"诚"而产生的感动。

"动则变"，感动他人就会引起转变。

"变则化"，引起转变就能化育万物。

经过"化"以后，就有可能变成你原来看不到的形式。假如，我这个杯子里有一块冰，然后我们给它加热。随时间的推移，这块冰不断融化，最终完全化成水。人也是这样，你看这个人一开始有性格，格格不入，然后四处碰壁，抱着"天下人都错了，就我一人对"的信念，那他会有一个什么样的后果？一身毛病。这都是有案例的，我们有一个老师就是这样。他二十多岁就患有心脏病、肺气肿、肝硬化，就等死了，因为他在家里顶撞父母，兄弟姐妹都得听他的，到了学校不听老师的，跟同学干。你想，他像蒺藜狗子似的，把周围人扎一圈，那他能好吗？他如果不改变自己的性格，就只能退出这个世界，因为这个世界没有他的容身之地。

那后来他怎么好的呢？有人给了他一本圣贤劝世之书，让他阅读反省自己的过错，化去性格。什么叫"化性"？犹如加热使冰块融化成水，让经典教化把人刚强的秉性化成柔和的仁者。他那个性格倔强得就像个冰块子——老是觉得自己对。但是他化性了以后，上善若水，这人的智慧就出来了。所以智慧的形态是用水来形容的，它可以随圆就方，无自性、无自体、无自形，它可以根据你的事因来展现它劝化的功能。别人给他一本小册子，他看了以后觉得"原来是我错了，不是人家错了"。心念一动，根据《黄帝内经》的揭示，经络就开始发动，就会把积存在身体里的毒气排出，排净了，人也就好了。最后他就发誓：如果我不死，我就把这个道理传遍天下！让天下人都能变好。后来真好了，就开始给人家讲解为人"反求诸己"的道理。

我们开过车的或者见过机床的都知道，各个钢铁零件之间是要有润滑油的，是要有橡皮圈垫着的，对不对？包括我们自己的骨骼，你仔细想一想，它怎么能够这么润滑？受寒以后，为什么膝盖一活动就咔咔响？就是里面有邪气进去了，正常情况下它是顺滑无声的。所以我们跟人相处，也要能过得去，原则的事情不退让，但是依然要有善巧方便。

唯天下至诚为能化。

化了就说明产生质变了，就像我们一直烧这个杯子，最后把里面的冰块完全化成水；再接着烧，凉水变成热水；再接着烧，煮沸了，那就是气化了。这一气化，形态一变，是不是产生了形态上的质变？它跟以前不一样了。

那说到化性，这个人化性以后，每天没事偷着乐，等于没脾气了。希望我们都快一点化性哈！这是对自己好，你自己不受伤；只要没化，自己就受伤。因为生气是谁生出来的？你自己生出来的邪乎气，它会储存在经络、腠理当中。你老是发脾气，慢慢地堵塞得多了，气血就会凝滞，产生疙瘩，一体检给自己吓个半死。如果你还不明白道理，你就不能反向地把它再化回去，然后你就只能把自己交给一个医生，让他给你来一刀，切去病灶。

虽然生产的这一批产品被切掉了，但是生产车间还在，就是你那个生产机制还在——你那个脾气秉性每天还在下达着生产指标。所以身体是很诚实的，它是很努力地在为你生产着你下达的指标，过一段时间又给你生产出一批来。然后当初给你开刀的那个医生说："对不起，你又复发了！"那你再切，时间长了就把人切没有了。

至诚之道可以前知。

什么叫"前知"？当你至诚到一定程度，你会有预感，你会有判断，你会有洞察力。

国家将兴，必有祯祥；国家将亡，必有妖孽。

在好事要来之前，它一定有一个祥兆、吉兆；在不好的事情发生之前，也会有预兆。在《素书》里有一句话说"国将霸者士先归"，这个国家要想兴盛，那些有本事的人，有资源、有能量的人会向你聚集而来。所以你就观察自己周边的单位组织，如果它源源不断地有高人加入，那可能就是兴旺发达的上升期，到了一段时间以后，原来的元老、骨干、中坚力量被气走了，如果你在这个单位的话，那你也得早做打算，因为它很可能在走下坡路了。

见乎蓍龟，动乎四体。

所谓"见乎蓍龟"，古代的方士用甲骨、蓍草、龟壳来占卜，由此来预测未来事物的发展方向。《中国书法》杂志有一期的封面就是一个代表性的涂朱甲骨^①，这是天子进行卜筮的礼仪规格。据说它是商朝武丁时期的甲骨，在进行卜筮的时候，天子可能是在巫师的辅助之下亲自进行的。他要占卜的内容是有没有边患，结果这个甲骨呈现的信息就是有边患，而且在什么方位都有显示。过了几天以后，那个地方真的有外族入侵，他就派他的媳妇妇好去征讨。我看到这个记述就想，这怎么可能？竟然能判断得这么准确？你要说张衡的地动仪能判断清楚陇西地震，那还情有可原，因为那是古代伟大的科学装置。但是通过龟甲兽骨就能做有无边患这种预判，还是挺不可思议的。这种方法是不是很准确？是不是一万片甲骨里面就这片准确了？我们无从得知，但即使就这一片准确，瞎猫能撞上死耗子，就足以让我们感觉到很神奇了。

　　祸福将至，善必先知之；不善，必先知之。故至诚如神。

　　这三段讲的都是至诚之道，其实就是大学之道。因为你明德之后，你不用主动去求这件事情到底应该什么样，因为只要有波动，你就能自然感知。我们看武侠小说，或者是神话小说，有这样的情节，师父心下一动，然后他就开始掐算，我们说再高级一点的做法，不用掐算，凝神一想就知道了。

　　"不善，必先知之。"这个"不善"跟"善"相对应，也可以预先做出判断。所谓的《易经》，它的大用是什么？《易》为君子谋，就是为有德行的人趋利避害、趋吉避凶，有这个作用。

　　"至诚"不但可以前知，"至诚"也可以像他说的那样"如神"。什么叫神？"可欲之谓善，有诸己之谓信，充实之谓美，充实

---

　　① 涂朱甲骨：是指在甲骨文上涂有朱砂。

而有光辉之谓大，大而化之之谓圣，圣而不可知之之谓之神。"

诚者之德　自成成物

诚者自成也，而道自道也。

所谓的"诚者"是圆融天成的，所以这个"诚"是和本性、明德合二为一的。我们现在形容这个人诚不诚，好像更多的是指情绪方面，好像跟本性是两个，但其实它们是合二为一的。我们现在在座的每个人都是活物，身体里面都含有微量元素、蛋白质、氨基酸等物质，你不能说自己不是物，也不能说自己不是"东西"，但是我们跟那些东西和那些没生命的物有一个区别——那就是我们身上的每一个细胞之内都有生命存在。

你不能说大的器官才有生命，一个细胞就没有生命，因为器官都是由细胞构成的，里面有细胞核。现在的微观生物学告诉我们，细胞里边是一个"巨大的空间"，好像也是一个巨大的世界。所以它一定是贯穿的，每一个地方都有心的那个活的作用。

所以"诚"它不可能脱离物质，即使你把它看成性格、情绪、思想、判断、态度，它也依然是跟物合二为一的。生物，跟死物不同的就是这个物是活的，物里面有生命，有个东西在。这个东西就是我们说的"心"或者是"性"，它在这里面我们才能活，它不在这里面我们就死掉了，那真是变成"物质"了。

"自成"就是天成，自天不二，天人合一，本自具足，圆成圆觉。"而道自道也"，道法自然，它本来就是这个样子。

诚者，物之终始，不诚无物。

《大学》里面说："物有本末，事有终始。知所先后，则近道矣。"这两句话是不是相关？我们至诚到极点，它决定了这个物的生发和结束，自始至终都在其中。如果"至诚"是"天下之达道"的一种表现，或者是一种形容，那么这句话和开篇这句"道不可须臾离也"也是有相应的。

"不诚无物"，您看他这个判断。现在量子力学已经发展到让大家感觉似乎可以进行远距离物体传输的阶段，远距离通信即将变成现实。在没有观察者介入的前提之下，事物是处于一个量子叠加态，就是同时存在各种可能。最典型的例子就是"薛定谔的猫"的那个实验。打开那个箱子，猫可能是死的，也可能是活的，所以在量子叠加的状态下，这只猫是既死又活。但是不同的人打开，结果会不同。

这就是我们刚才讲的天人合一，依报相依，依报随着正报转。你是那个能让这个猫活着的人，你打开它就是活着的；你是让它死的那个人，你打开它就是死的。所以每个人推开一扇门，他所见到的场景就是不一样的。这个道理是极深刻的，因为它的速度太快了，就是由叠加态变成确定态太快了。

理论上讲，在你今天下午进入教室之前，对你来说，我也是叠加态，其他的同学也是叠加态。虽然在理论上你可以想他在，也可以想他不在，但其实他是既在又不在。只有当你的意识介入，也就是当你走进教室之后看到现实的场景之后，或者你的意念想到这里的时候——按照王阳明的说法，它一下子就明亮了起来——他在与不在就变成现实了。这就是人在觉悟的状态下对物质世界的一个感知。

是故君子诚之为贵。

"诚之者，仁之道"，君子本身就是修大学之道、中庸之道的人，所以"诚之为贵"。

诚者，非自成己而已也。所以成物也。

所谓"诚者"，并非仅仅是成就自己，他也成物。这太深刻了，就是当你达到"至诚"，进入了中道的状态，你成就的是一个世界。你决定了自己的形态，也决定了以你为核心的这个世界的状态。

我们再一次提醒大家，各位是不是找到了改变人生的方法、秘诀？怎么办？至诚。至诚，你就可以转化自己，身体会健康起来，夫妻会和谐起来，五伦关系会顺转起来，事业会发展起来，你的人生会幸福起来，至少你至诚之后的人生是圆满的。

成己，仁也；成物，知也。

我们说核桃仁儿、杏仁儿，为啥把它叫仁儿呢？就是从古到今，它是居于中心的地位。"仁者，人也"，我们内心当中最核心的是什么？你要是个人的话，人有恻隐之心。在战场上，有一些将军为了保家卫国，如果不能够全身而退，战死，这叫杀身成仁。

"成物"是一种智慧的境界和表现。

性之德也，合外内之道也。故时措之宜也。

"天命之谓性"，这个"性"就是明德，知天命就是明明德，就是见自本性。你有此性德，就会自然生发出智慧，然后可以处理世间万事，这就叫"合外内之道也"。我们在前面给大家介绍过，你的外在世界和你的内在世界本来是一体贯通的。

现代的西方思想家哈耶克也发现了类似的状况。在我们的感知之内，也就是心灵之内，有一个秩序叫mental order（心理秩序），然后身心有一个秩序叫neural order（生理秩序）。它们俩统一是很正常的，否则的话，两套系统不协调，我们就出现了病态。最深刻的就是外在物理世界当中的物理秩序（或者叫自然秩序）和我们人自己内在的秩序是对应的。这和我们中国古代经典所揭示的"天人合一"之道、大学之道、中庸之道、内外贯通之道是同一所指。

故时措之宜也。

我们说根据天时地利采取措施，因地制宜，这就是实事求是、与时偕行、随缘应化。

至诚之功　不见而章

故至诚无息，不息则久，久则征；征则悠远，悠远则博厚，博厚则高明。

后面的这些经文，如长江大河一样滔滔不绝，串联在一块。我们今天中午吃完饭眯一会儿，那叫休"息"。无息是啥？不休息，不间断，不间隔。

我有一个想法，供大家参考。你看这个"息"字是怎么写的？上边一个"自"，下面一个"心"。人至诚以后没有自心，没有一个妄念出来，真的就停滞在那儿了。但这不是死的，而是活的，灵灵明明，没有妄念。"至诚无息"，这四个字等于告诉了你一个修行的状态，你达到至诚以后，有妄念吗？没有妄念。"知止而后有定"，定在那里，但你又不是死木头，活活泼泼地在那里。

"不息则久"，你进入这个状态，你就进入了一个大经济的状态——不耗费啊。不浪费心神，不耗费能量，会不会长久？自然就长久了。像我这样天天开口说话，就违反了吕祖说的"养气忘言守，降心为不为"。

"久则征"，有一个词叫"天长地久"，这个"久"是很久远的意思。我们知道时间久了以后，一定可以验证一件事情的对错真假。所以久了以后它就会出现某种特征，一开始你是听不见、看不着、摸不到的，时间久了以后，你就能够看得见、摸得着、听得见，就能够去判断它。

"征则悠远"，经过验证以后的道理就会被人信服，并出现固定长久的这种特色，最终成为一种风格源远流长。比如说中华优秀传统文化，是不是至诚的文化？是。它可不可以做到"不息则久"？做到了。"久则征"，随着历史的不断演进，显示出它自己的特征，验证出了一代又一代的圣贤，验证出了它的正确、它的颠扑不破、它的万古长青，所以它就悠久。

那悠久了以后呢？"则博厚。"我们的思想就变得博大精深，就变得博厚。

"博厚，则高明。"它这个文义本身环环相扣，但是你也可以把这几个词瞬间合在一块，捏成一个去看。大家能明白吗？就是我们刚才说的这些步骤没有先后顺序，它是瞬间就可以到达的，好像有顺序，但其实，你只要至诚，这些伟大的特征就瞬间都具备了。

博厚，所以载物也。

最明显的就是大地了，应该算博、算厚吧，所以它能承载万事万物。

高明，所以覆物也。

那说到高明，谁最高？谁在上面？谁又能显示出光明来？古代的人常说"天无私覆，地无私载"。我们都在这个穹隆下面，好像天是一个大锅盖，所以有覆的这个意象在。

悠久，所以成物也。

悠远长久的作用是生成万物。

博厚，配地。高明，配天。悠久，无疆。

特征非常明显，广博深厚可以与地相比，高大光明可以与天相比，悠远长久则是永无止境。所谓无疆，就是直到永远的意思。《诗经》里面经常出现"万寿无疆"。

如此者，不见而章，不动而变，无为而成。

这个"见"读成"现"；"章"应该是这个"彰"。"不见而章"就是它自己不用表现出来就足够彰显。

"不动而变"，不像我们刚才举的例子，非得有一个烧火的动作，才能把冰加热成水，乃至气，它是"不动而变"。你想这个人，静静地坐在那里面反省自己，在外人看来他并没有动，但是人为什么好像换了呢？他自我在升级换代，通过反省，化去了自己心性上的黑暗，变得光明、纯净、无染，所以产生了质变。

来北京之前，我还是一个充满着怨恨怒恼烦的人；从北京回到家之后，我就变成一个至善纯净无染之人——要立住这个志啊，不能退缩。将来有机会我们再见的时候，我要看到大家满面笑容，满面春风，人人开心，充满福德。你本身就是一个福德相，无为而成，不造作。

跟大家商量一下，既然谈到"无为而成"，那我们把《中庸》归到道家去呗，因为道家才讲"无为"呢。现在很多人贴标签，一提"无为"——这不道家的嘛！"无为，那不是消极不干活嘛、躺平嘛"。这些全都是错误的理解，无为是通达天道智慧以后显示出来的行为，道法自然，"无为而无不为"。不用归到道家，也不用商量，它还是儒家经典，只不过就是在中华优秀传统文化里面，在大宗师那里面是贯通的。你看着有差别，其实在境界本性上无差别。

为物不贰　生物不测

天地之道，可一言而尽也。

天地之道，君子之道，中庸之道，大学之道，"可一言而尽也"。你修到一定程度，世间万事万物，你都可以试着一言以蔽之。

其为物不贰，则其生物不测。

天地之道，"为物不贰"，那他为啥不直接说"一"呢？这就是在强调本性上一如，只有这一个本性，而那个生发的法则是平等的，没有两样。而且正因为如此，所以"其生物不测"，你难以预料。我们每个人出生的法则是平等的，都是"上天因其材而笃"。我们在生的时候，又是由我们自己的心性、本性、自性、明德决定的。

上天和自己的明德合二为一是一个什么样的境界，大家明白吗？你自己生出你自己的外在世界，然后"上天因其材而笃"，因你的"材"而"笃"你的世界，根据你自己的心性，给你幻化出你应该有的外在世界。这样，天人是不是就合一了？

"伏以真源湛寂，觉海澄清。" "觉海"就是我们所说的明德、本性。"最初不觉，忽起动心。"你只有动心，它才能来，你不动心它来不了的。由于心念是不可思议的，所以动心生出的那个形象、后果也是不可思议的，所以"则其生物不测"。众生心念不可思议，是以其后果亦不可思议，你想象不出来有多么繁复。

天地之道，博也、厚也、高也、明也、悠也、久也。

这些特征刚才在前文都已经讲过了，这里他又在强调。

今夫天，斯昭昭之多，及其无穷也，日月星辰系焉，万物覆焉。

你抬头看天，"昭昭之多"，不过是由一点一点的光明聚积起来的，没有多大；"及其无穷也"，整个宇宙到底有多大？十万亿个银河系，我们都没观察到边。所以"日月星辰系焉"，系在上面，挂在上面，有边界吗？没有。"万物覆焉"，都被这个像穹隆似的天笼罩着，我们都在其中。

今夫地，一撮土之多，及其广厚，载华岳而不重，振河海而不泄，万物载焉。

谈大地，不过就"一撮土之多"，好像很少；"及其广厚"，就是当土积累到又广又厚的程度，"载华岳而不重，振河海而不泄，万物载焉"。别看这一撮土，但是你把它求极限，放大到无穷大，那么华山五岳对它来讲也显得没有多么重，众多的江河湖海也不会泄漏。

今夫山，一卷石之多，及其广大，草木生之，禽兽居之，宝藏兴焉。

今天我们说的山，是由拳头大的石块聚积起来的，可等到它足够广大时，草木在上面生长，禽兽在上面居住，宝藏也在上面贮藏。

今夫水，一勺之多，及其不测，鼋、鼍、蛟、龙、鱼、鳖生焉，货财殖焉。

今天我们所说的水，它不过是一勺一勺聚积起来的，等到它变得浩瀚无垠时，蛟龙鱼鳖等都在里面生长，珍珠珊瑚等有价值的东西都在里面繁殖。

维天之命　於穆不已

《诗》云："维天之命，於穆不已。"

《中庸》开篇两个字就是"天命"——"天命之谓性"。"维天之命"，"维"和"之"是助词。我们把这句话中那些搭架子的字去掉，具有实义的只有"天命"两个字。但是，你一开头就说天命，从节奏上不是很美，所以你看中华优秀传统文化，它有主次、虚实、阴阳之分，包括音韵上都可以处理得强弱得当，非常和谐，有节奏，让人读来舒适。

"於"（读音为"呜"）是感叹；"穆"，我们可以联想到"肃穆庄严"，意为幽微、深远、庄重。"於穆不已"，就是"哎呀！实在是深远幽微呀！"

盖曰，天之所以为天也。

大概是说，天为什么是天呢？就是因为"於穆不已"——幽远、深远、高明、博厚，咋形容也形容不尽。

於乎不显，文王之德之纯。盖曰，文王之所以为文也，纯亦不已。

这句话是歌颂文王的。在整个的周朝，歌颂文王是一个传统，这也是他们作为子孙黎民尽孝道的一个表现。那文王值不值得歌颂呢？我们仔细想一想，他本身的德行世间罕有，这样的人如果不歌颂，那是我们后人的欠缺。

"於乎不显"，这个"不"通"丕"。"丕显"就是盛大显露的意思，非常显著，光芒四射。文王的德行这么纯洁，这大概就说明了文王被尊奉为文王的原因——纯洁无染，而且永无止境。

苟不至德　至道不凝

大哉！圣人之道！洋洋乎！发育万物，峻极于天。

这又是感叹了。他不说君子之道了，也不说中庸之道了，也不说天地之道了，而是回复到人，开始谈圣人之道。怎么形容呢？"洋洋乎！""洋洋"是什么状态？汪洋浩瀚，广大无边，含育万物，生发无尽。"发育万物"，"发"是萌生，有创造的意思。这句话的意思就是，按照圣人之道发育万物，其景象会汪洋浩瀚，蔚为大观，繁荣不息，层出不穷。"峻极于天"，就是高明到极处了，像天一样"极高明"。

优优大哉！礼仪三百，威仪三千。

"优"，我们现在通常用优势、优美、优异、优良等，反正是形容好的事情，那"优"还不够，还得是"优优大哉"，就是极其丰美、丰盛。

"礼仪三百，威仪三千。"中国古代本有一套文明制度，周朝天下平定以后，等于是开始按照他们的观念，在继承古文化的基础之上对礼制进行了一次梳理、传承和创新。周公制礼作乐，给大家规定了细则，就像我们现在颁布宪法，然后根据宪法颁布分门别类的专门法，有《中华人民共和国刑法》《中华人民共和国民法典》《中华人民共和国婚姻法》等，形成一个体系。但法律也有无法尽到很多细微之处的劣势，所以只好在执行过程当中，根据现实反映出来的问题，由有关部门再制定细则，由此法律越规定就越细。

当初制作的《周礼》有五礼。其中，吉礼规定的是有吉事该怎么办；凶礼就是有凶事该怎么去处理；在军队当中有军队的礼仪，穿什么衣服，站成什么样，执什么样的军械，等等，很详细；外宾接待也有礼仪规格；我们日常表彰要遵循嘉礼，就是人家做得好，你得有一个表彰。这五种礼仪加在一块，在当时大约有三百种吧。"威仪三千"，这"威仪"就是这些典礼当中的一些细节的规定，增加了十倍之多，所以"礼仪三百，威仪三千"。

待其人而后行。

不管什么样的事情，一定要等找到那个合适的、对的人之后才能够实行，弘扬中华优秀传统文化也是如此。2006年，我请林毓生先生到东北财大去讲座，在之远楼的十一楼，他讲着讲着，就说："往事五千年，悠悠而过，历史等待着你当下的表达"。那我们就要把五千年中华优秀传统文化的核心精神，以现在的范式和语言，重新弘扬到主流教学的阵地当中，教给我们的师弟、师妹们，后来的大学生们。就是一代一代培育出来的中国式现代化的主力军，他们应该是由我们自己的学术体系、学科体系和文化体系来教育。只有这样，才能回答我们党中央所提出的那个问题——培养什么人？怎么培养人？为谁培养人？

我们能指望着用外来的教材、外来的思想、外来的学术、外来的概念体系去铸造我们自己家业的继承人吗？显然不能。

故曰："苟不至德，至道不凝焉。"

假如没有至德，那至道能够凝聚吗？"凝"有"固"的意思，但反过来，它也有活泼和自然的意思。你想一下，当你达到至德、至道的状态——恢复到本性，似乎凝固了，是吧？"喜、怒、哀、乐之未发"，天下之大本，"发而皆中节"，当你发出来，活活泼泼，上古天真，它是很自然的。

既明且哲　以保其身

故君子尊德性，而道问学，致广大，而尽精微，极高明，而道中庸。

"尊德性"是理所当然的。"德性"就是天性，那个"性"就是天命，就是明德，就是我们自己纯净了的人性，就是我们本来无染的自性。以追求达到这个状态为重，这叫"尊德性"。所以人要自尊、自重、自立、自强、自明、自化。

那"道学问"呢？从古到今，对这个"道"，说法比较多，莫衷一是，为啥呢？因为这句话连起来读，"道"出现了两次，好像不太合适，但是又没有人说它是哪一个字的通假。

对于问学，也就是求学这件事情，用哪一个字来形容合适呢？活用这个"道"本身，我觉得也没什么问题，因为你问学的最终目标就是求道、问道、明道、行道、成道、了道。

"致广大，而尽精微"，前面提到"君子之道，费而隐"，结合这句话，那就是"广大"对应着"费"；"精微"对应着"隐"。

"极高明"，前面论述了，"高明"配"天"——"峻极于天"哪。君子修为自己的德行，贯通天地，浩然充塞天地之间，那当然可以向上达到"极高明"，向下达到"极广厚"，中间呢，走中庸之道，也就是"致中和"的状态。

温故而知新，敦厚以崇礼。

"温故而知新"，这句话太熟悉了，是子思的祖父——孔子他老人家发明的。"敦厚以崇礼"，这相当于是写对联，他给对出来下联一样。如果一个人对你无礼，意味着什么？他看不起你。

《素书》上第一句话："夫道、德、仁、义、礼，五者一体也。"《道德经》上说："夫礼者，忠信之薄，而乱之首也。"当人对你无礼的时候，就是他对你既不忠也不信了，然后就开始乱了。人与人之间不能失礼，大家依礼而行，他对你特别傲慢，斥责呵斥，你还要对他进行相应的回馈或者是报复吗？不一定，你可能就走了，不跟他乱。但如果你跟他一般见识，那矛盾就会逐渐地升级，最终可能吵起来或打起来。

敦厚之人，也就是这种非常诚恳地践行道德仁义礼的人，正常情况下不会对人无礼，所以"敦厚以崇礼"，相当于是一个孪生的双胞胎一样，他有这个德行，他一定会有这样的表现。

是故居上不骄，为下不倍。

"倍"通假于"悖"。这个人在上面做领导的时候，他不骄傲，不以上凌下；做下属的时候，他也不做那种有悖于行政伦理的事情。

国有道，其言足以兴；国无道，其默足以容。

国家政治清明，希望有人建言献策的时候，那他的言语，也就是说他的建议意见足以让国家事业兴盛起来；国家无道，那就是好的意见根本不被采纳，那好，"其默足以容"，他就不吱声了，天下乱就乱去吧，他自己独善其身，也就是"君子潜居抱道，以待其时"。时不至，怎么办？"殁身而已"。如果有机会的话，"时至而行，得机而动"，他就能成绝代之功，拯救天下，然后"事了拂衣去，不留功与名"。

《诗》曰："既明且哲，以保其身。"其此之谓与？

《诗》上说，这个人既明道又聪慧睿智，能够洞察整个社会发展的趋势，然后能够根据自己现在的处境，采取相应的措施，所以足够保全他自身。这不就是说的这种情况吗？

好了，我们休息一会儿，下一讲再来，谢谢大家！

（八）

《道德经》云："执古之道，以御今之有。"我们要认真践行古圣先贤给我们揭示的道理，不要倒行逆施，否则必遭身殃。在本讲，作者认为只有德位双全之人才有资格制作礼乐；我们只要践行暗然而章、淡而不厌的君子之道，就能在社会当中收获美好的声誉。同时，我们要不断通过内省，净化我们的心灵，使我们的志向当中无丝毫恶念。

明

敦敏戒而聪

而徇齐长而

灵弱而能言幼

轩辕生而神

之子姓公孙名

黄帝者少典

右录五帝本纪句

癸卯夏锺水云

反古之道　灾及其身

尊敬的各位同学：

大家好！我们接着学习《中庸》，这一节是我们这一次学习《中庸》的最后一讲，请大家打开经本，翻到第二十八章。

子曰："愚而好自用，贱而好自专。生乎今之世，反古之道。如此者灾及其身者也。"

在上一章大为赞叹圣人之道后，这里引用孔子的话，来进一步说明那些违背君子之道的表现和后果。

我们也可借鉴此法。比如，有时我们自己提出的观点，若仅以个人名义表达，他人可能不以为然，但你要说这是孔子说的，就不容易被忽视。在现实生活中，我们常会发现，同样的话语，出自不同人之口，其影响力和受重视的程度会有很大差异。

这就是"人微言轻"的一种表现，"人微"的时候言就轻。你要想你说的话能够被人重视，怎么办？积德，"有大德，必得其位，必得其禄，必得其名，必得其寿"。你已经活一百一十岁了，那你说一句话，别人肯定得听，最起码想听听你是怎么长寿的。你一下出名了，在全世界成了大名人，那你的话就可能被别人引用。

我们要学会这一招，同样的话，比如说"为人民服务"，你说"为人民服务"，很可能没人听，可你要说毛泽东主席说了，那大家肯定肃然起敬。所以他引用孔子的话来批评一些反面教材——做得不好的人，增加了他论述的说服力。

在生活当中，我们确实经常遇到"愚而好自用"的人，就是他们自己不怎么高明，但总是自以为是；与他相对的另一个词叫"贱而好自专"。

贵人是什么样的状况呢？应当是"察纳雅言"，广泛地听从社会各界的意见，吸收大家的好建议，然后制作出一个尽可能吸纳各方智慧的方案来推行。就像前面举的大舜的例子，他好问，就说明他善于调查研究，善于了解周围人的想法，然后隐恶扬善，去除不足的地方，把好的地方发扬出来，"执其两端，用中于民"。

这个"自专"的意思是说一意孤行、独断专行。凡是自专的人，即使他地位很高，时间长了也会反贱。所以我们做事要尽可能地避免这种情况，对待反面教材，我们要"有则改之，无则加勉"。

生乎今之世，反古之道。

这里提到了"古之道"，《道德经》里面也经常提到"古之道"，这就说明，我们现在称呼的这些古圣先贤，他们都是中华优秀传统文化的时代继承者。他们在当时也是面临着新时代，也是往前看，看他们当时的传统文化，然后他们认为哪些是好的，继承下来，发扬到当下，弘扬到后世。所以两千多年以后，我们还在继承和发扬。那"反古之道"，怎么样呢？

如此者灾及其身者也。

这个后果是咎由自取，是他自己走出来的。

德位双全　方作礼乐

非天子，不议礼，不制度，不考文。

这句话就说明，有一些人本身不是天子，但是他议礼、制度、考文，这就属于越位而行。"议礼"是讨论国家的礼仪制度，相当于现在的宪法。"制度"是两个词，"制"是制定，"度"是法规。"考"是验证，进行考证；"考文"就是校正字的形、音、意、法，等于是国家对文化的根本要素进行校正。

今天下，车同轨，书同文，行同伦。

"车同轨"，在古代，车要在道上行走，需要修一个专门用来行车的栈道。现在我们还能看到当年秦国修的一些栈道，那个土夯的还是很结实；"书同文"，大家的文字是一样的。"行同伦"，我们的伦理、规矩、礼仪、制度都是按照同一个法规制定出来，大家遵守的是同一套规则。

虽有其位，苟无其德，不敢作礼乐焉。

在今天，这个反面现象表现得特别严重。按照他的观点，即使你人在这个位置上面，但是如果没有深厚的德行，你也不应该作礼乐。因为礼乐是一种享受，极大地消耗人的福报，你虽然位置高，但是没有德行，也不应该做。反过来，"虽有其德，苟无其位"，更不能作礼乐。因为有一些有德之人，他们的生活其实蛮贫寒的，根本就请不起乐队，亦"不敢作礼乐焉"。一定是德与位双具的人才能够适度地根据自己的本分来安排礼乐，否则的话就是"八佾舞于庭，是可忍也，孰不可忍也？"——越位了。我们现在就要掂量自己在什么位置上，具备什么样的德行。

这个"作"是创作的意思。周朝，一提大家就知道，是周公制礼作乐，他是代表周天子行事，并非以诸侯的身份，所以普通人是没有资格制定礼乐的。对于乐，今天的情况跟古代有所不同，我们今天没有规定部级以上的官员才能听爵士乐，科级以下的只能听古典钢琴曲，没有这种规定。对任何人来讲，只要你喜欢就可以听，好像什么音乐都行，而且现在获得音乐的成本极其低，以前还得有个碟片，现在全是数字化，网上一搜，想要听谁的就听谁的，想让他唱几遍他就唱几遍。

大家反过来思考这件事情，我们是不是享受了太多的古代人不敢想象的那种福德待遇？那我们是不是也应该反思一下，我们利用这个互联网应该传达什么样的道德、伦理信息，去影响这个社会，朝着我们理想当中的社会去改变？

五音五脏 一一相对

子曰："吾说夏礼，杞不足徵也。吾学殷礼，有宋存焉。吾学周礼，今用之。吾从周。"

我们前面提到过这个杞国，武王灭商以后，把夏禹（也可以说是启）的后代分封在了杞国。孔子学习夏朝的礼仪，然后说"杞不足徵也"，什么意思？礼崩乐坏，已经变质、变味了。

读《论语》我们知道，孔子听到大舜时代的那个韶乐，什么反应？"三月不知肉味"，沉浸在那个美妙的状态之中。再往后的音乐——至美，不至善哪！就是听起来很美，可是它对人的心性有干扰。我们今天的一些音乐，简直没法听，非常扰乱你的五脏六腑，"呕哑嘲哳难为听"。

懂音乐的人，一定要选取对自己五脏六腑有建设性、帮助性作用的音乐。宫、商、角、徵、羽这五音可以调整我们的心、肝、脾、肺、肾，当然这是按照俗语的顺序说的，它不是一一对应的。比如，你要加强自己的肾脏，应该听羽音，对不对？你要加强自己的中宫，就是脾胃这一块，应该多听宫音。以此类推，要加强肺，那就是商音；加强肝，就听角音。五音对应着五脏，对应着五行，对应着五色。

明白这个道理以后，你要想加强某一脏腑，比如说你想加强肺气，那就应该穿白色的衣服。然后金生水，肺脏变好会对肾脏有一个良性的改变。但是如果你的肝已经不舒服了，胆也不舒服了，出现失眠了，然后你还穿白色衣服，金克木，那你岂不是加重了自己这方面的虚弱，所以应该调试过来。那么失眠多的应该穿什么颜色？水生木，多穿黑色和东方的本色——青色的衣服，这是一个法则，以此类推，大家就可以明白了。

孔子学殷礼，"有宋存焉"，宋朝作为商代的皇族后裔，还保持着以前的礼乐规矩。但是他说"我学的周礼，目前正在应用，我还是遵从周礼"，就是孔子还是沿用周礼来施行教化。

但行君子　有誉天下

王天下有三重焉，其寡过矣乎！上焉者虽善，无征。无征，不信。不信，民弗从。

要想称王天下，有三重。"其寡过矣乎"，也就是说，难道他不是通过减少自己的过错来实现的吗？"无征，不信。""征信"这个词现在还在用。"不信，民弗从"，你没有信誉，别人当然不服从，所以"人无信不立"，这也是《论语》里面的一个重点。

下焉者虽善，不尊。不尊，不信。不信，民弗从。

这又是一种情况，前面是"无征"，这里是"不尊"。这句话的意思是指，你要想做一件好的事情，可是你怎么都推不动，为什么？人微言轻，叫"虽善，不尊"，别人不相信你能推得动，所以不会得到人们的重视，人家就不会跟从。只有那些大德者，振臂一呼，应者云集，这才能浩浩汤汤形成潮流，从而改变这个社会。

故君子之道，本诸身，征诸庶民。考诸三王而不缪，建诸天地而不悖。质诸鬼神而无疑，百世以俟圣人而不惑。

这又是一个连贯的论述。我们在前面论证过了，要修身先正心，要正心就得先格物致知，这一"知"是知什么呢？就是知中庸之道。"夫妇之愚，可以与知焉"，但是"及其至也，虽圣人亦有所不知"；"夫妇之不肖"，也可以行，但是"及其至也，虽圣人亦有所不能行"。

我们就是要知这个"道"，这个"道"也就是中道、大道、本性自然之道。

"本之于身，征之于庶民"，征：征信、考察、验证。我们就是要把这个道修在自己身上。修到身上之后，你还得推而广之，看看在大家身上有没有验证，这叫"征诸庶民"。

"征诸庶民"以后，他还要考证"三王而不缪"。这个态度是非常的严谨，普通庶民验证过，那再看看古代三王以来的圣贤是否也是这样，然后才能"建诸天地而不悖"，也就是"放之四海而皆准"。

"质诸鬼神而无疑"，古代有这种观念，因为我们现在不需要"质诸鬼神"了，经过专家论证，领导批示，就可以执行了。古代是不行的，还要"质诸鬼神"。什么叫"质"呢？就是质问、质证，质证这个环节，现在法庭上还用这个词。"质诸鬼神"，然后"无疑"，没有疑问，心安理得了。

"百世以俟圣人而不惑"，君子之道，那真是弥伦天地之间，一世好用，万世开太平，百世依然能够成为准则。

> 质诸鬼神而无疑，知天也。

这在现代所谓科学昌明的观念之下就不好解释了，因为你解释得越多就好像越迷信，我们只需要知道这是古代的一种观念。

> 百世以俟圣人而不惑，知人也。

把握住人的本性，知道人的本性乃是自然的天性——百世不殆，百世不惑，百世而行之。

> 是故君子动而世为天下道，行而世为天下法，言而世为天下则。

前面从自身谈起，再到"三王"，甚至谈到天地鬼神，最终谈到圣人境界，我们就得出了这样一个结论：能够践行上面这种做法的君子，他只要有所动作，他的事迹就会为后世天下人所知道，他的行为就能世世代代成为天下的法度，他的言谈也将永远成为天下的准则。

他就像案例一样。我们为什么这么做？因为古代的君子就这么做。这就是君子的示范作用，垂范后世就是这个意思，行为示范也就是这个意思。所以君子"行而世为天下法"，这又跟《道德经》合上了，"圣人处无为之事，行不言之教"，他一旦有所动作，就成为天下的法则；"言而世为天下则"，他一旦开口说话就成为天下的准则。这就是得君子之道以后，"极高明而道中庸"，最后他能垂范后世，成为天下的榜样。后世张载说"为天地立心，为生民立命，为往圣继绝学，为万世开太平"，这段话所表达的境界和我们刚才讲的君子所能够达到的境界是一致的。

远之，则有望；

不管远近，对于君子来讲，都能够随缘应化，处理得好，个人的声望就像一个无形的信号，向外扩散。所以你说一个人有声望，他会因为山川河水而被阻挡吗？不能啊，尤其是现在这个时空，不像古代的交通和通信那样落后，消息能够瞬间传遍天下。

近之，则不厌。

不厌烦、不讨厌，不是说见光死。我们经常在网上看到许多有趣的故事。一些人在网上的互动看似热闹非凡，有时甚至到了要死要活的地步，但一见面，才发现所谓的女性网友实际上是由男性扮演的。这种时候，所有的伪装都会立刻被揭穿。君子不是这样，因为他表里如一，内外一致，所以在远处有声望，近距离接触也会让人感到很舒服。这就是孔子的那个状态——"望之俨然，即之也温"。

诗曰："在彼无恶，在此无射；庶几夙夜，以永终誉。"

我们引用诗句，基本上不会太仔细地去翻译它，因为这样就没味道了。那个诗，你要像唱歌一样，不断地去朗诵、涵泳它，慢慢地它就把我们熏化了。

君子未有不如此，而蚤有誉于天下者也。

这是下了一个很肯定的断言，"君子未有不如此"，就是君子全都如此；"而蚤有誉于天下者也"，那个"蚤"通"早"。君子没有不这样做而能够早早在天下获得名望的。

187

祖述宪章 德润天地

下面这一段就好玩了。

仲尼祖述尧舜，宪章文武。

孙子如何在公共场合称呼自己的祖父？因为他写的是文章，而不是家书，所以不能说吾祖如何如何。从礼法上来说，在古代，孙子要想在公众面前称呼自己的祖父，可以称字。

"祖述尧舜，宪章文武"，这也是煊赫名言。孔子的文章，孔子的思想，孔子的传统，从哪里来？是从古文化里来。从古文化里来，它还有一个起始，它是从伏羲来的吗？没有。从炎黄来的吗？也没有。他晚年回到鲁国以后，删《诗》《书》，定《礼》《乐》，从事教学。我们现在看到的《尚书》是从《尧典》开始的，但是这个《尚书》是他删过的，那尧以前的历史就没有了吗？

我们现在看到的《尚书》有多少篇？有的说是二十九篇，也有的说是二十八篇。后来西晋有人贡献出一本梅氏《伪尚书》。之所以称《伪尚书》，是由于考核它的传承，无迹可考，查不着可靠的源头。

从最近这几百年以来，特别是最近这一百多年，考察《伪尚书》的真伪就成为学术界的一大奇观。现在说那个《伪尚书》已经成铁案了，但是里边有没有正确的、好的内容呢？有啊，这是我自己的判断，它不完全是伪书，可能有一部分是伪造的，但其中有一部分也是符合《尚书》原典的内容，甚至是原句。只不过就是参差不齐，后世有人给填补上，这一填补，被考证派的学者抓住——书中有一句话是假的，整部书都被视为假的——这就要命了。我在讲《尚书》的时候，只要是好的内容，不管是不是《伪尚书》，我照讲不误。

"祖述尧舜"，就是孔子以尧舜为开头，来继承弘扬中华优秀传统文化。"祖"有初始之意。"宪章文武"，"宪"有纲要的意思，"章"是彰显，这句话的意思就是把文王、武王他们建立的文化发扬光大。

上律天时，下袭水土。

向上遵循天时运行的规律，向下符合水土地理的环境。

辟如天地之无不持载，无不覆帱。辟如四时之错行，如日月之代明。

孔子传承的这个文化就像"天无私覆，地无私载"一样，有教无类，来者不拒，去者不留。洋洋乎大哉！悠悠乎大哉！极力称赞孔子的文化修为，就好像是天地一样广大包容，又好像四季的交错运行、日月的交替光明，井井有条。

万物并育而不相害。道并行而不相悖。

孔子传承的这个文化广博包容，不管哪一方哪一派，万物并育，没有小家子气，不分门别派。所以孔子的教学，真的就做到了有教无类。只有有教无类，你才能说万物并育，然后因材施教，以至每个人都有道可行，每个人都按照自己喜好的那个方向去发展，这叫"道并行而不相悖"。所以他才能够在春秋时期把我国古代的教育文化发扬光大，如果就按一个模式死扣，那不可能有很大成就的。

小德川流；大德敦化。

小的德行如河水一样长流不息，大的德行使万物敦厚纯朴。

189

此天地之所以为大也。

这就告诉我们，如果你想有天地这种气象，那就得广博包容，像天地一样，无私覆，无私载，有教无类。

独唯至圣　足以配天

唯天下至圣，为能聪明睿知，足以有临也；

前面说过"唯天下至诚"，现在把"至诚"换成了"至圣"，那"诚"与"圣"有什么区别？所谓的"至圣"，就是做到了"至诚"的人哪！"为能聪明睿知"，这个"知"呢，还是要把底下的那"日"加上，它相当于是通假字。读古文，有些时候这方面挺让人困惑的，同一篇文章里面，到底是"知"还是"智"？你得反复读几遍。"为能聪明睿知，足以有临也"，什么叫"足以有临也"？就是来者不拒，已经准备好了，我的智慧完全可以应付各种事情。

宽裕温柔，足以有容也；

宽宏大量，温和柔顺，有教无类，包容天下，任何人只要想学，来呗！学够了，走呗！

发强刚毅，足以有执也；

他也有刚强的一面，这就是守中道。我们整篇讲的是"中庸"，过柔不对，过刚也不对，刚柔相济才是中道。你要讲刚强的一面，他就是"足以有执也"，刚强坚毅，能够决断天下大事。

齐庄中正，足以有敬也；

这个人要是威严庄重，忠诚正直，他就能有敬。有敬就是有品，他达不到这个中正，不入这个品，不入这个流，他就没有那个想法，就不会有敬。

前天我们和一位朋友在一块聊天，他说他有一个专门喝茶的地方。这个地方，他想的是自己没事可以去放空一下，在繁忙公务之余，体会一下美好的人生，静一静；或者约几个好的老师、尊长到这里来，几个人聊聊天、喝喝茶。结果有一天他去的时候，发现他的一个师妹在这喝茶，但前面摆了一堆小龙虾，气得他大为发火。这是什么？不敬啊！就是对礼仪的不敬，对人的不敬，对传统的不敬，对那个场合和氛围的不敬。她自己没有体会到那个叫"齐庄中正"的状态，所以她该干什么就干什么。

这个场合是要讲究的，我现在还能想象这位朋友的表情。他说茶室，喝茶的地方却摆了一堆小龙虾。他还形容，你吃了小龙虾的嘴，就用我那个茶杯喝茶，哎呀！那往下不能形容的，是吧？尽管刷了杯子，他也总是有这个阴影。我们都知道茶有茶香，那茶室里面摆一点花，摆一点水果，焚上一炷香，或摆上几本书，约几个好友，弹弹琴，听听歌，尤其是像我们课间听的这种古筝，或者古琴弹奏的这种中国式的音乐，人会很清净的，真的是能从繁忙当中把人解救出来，以利再战，是吧？你说你在那个茶屋里面单吃小龙虾也行，喝茶和吃小龙虾混在一块了，这就让人受不了。这个事例给大家做一个参考。

文理密察，足以有别也。

这就不用再多废话了，该分开的就是要分开。

溥博渊泉，而时出之。

这个"溥"和"博"联系在一起，就是广大精微。"渊"是深的意思，渊泉就是深泉。

溥博如天，渊泉如渊。

这里又做了一个解释。广博到什么程度呢？什么样的形象是"溥博"呢？那你想象一下天就知道了。所以有些形容词，虽然我们不知道啥意思，但它后面如果有一个形象的比喻，那我们一下子就明白了。"渊泉如渊"，这个话就有点同义反复了，就是形容深厚。

见而民莫不敬，言而民莫不信，行而民莫不说。

天下至圣能达到什么样的境界？他如果出现，"民莫不敬"，老百姓看到他就尊敬，甚至只是看到他的画像，都不敢造次；甚至在他的出生日或者他的祭日，民间都禁止夫妇同房，这是周礼传下来的规矩。

我们有这个习俗，就是在大圣人的生日或者祭日，或者重大的节点、节假日，古代的传统是告诉夫妇禁止同房。在周礼当中有记载，政府会专门派人持木铎①，走街串巷告诉大家"注意容止"。"注意容止"，说得很含蓄，就相当于告诉年轻人不要乱搞，一定要端正容止，中正光明。这样做是对天地圣贤都有敬畏之心，然后庄严了自己。

"言而民莫不信"，他说出来的话大家都相信，百世过后仍奉为经典。

"行而民莫不说"，他所做的事情，人们发自内心地拥护、赞叹、跟随、继承、发扬。

---

① 木铎：铜质的大铃铛，以木为舌。古代宣布政教法令时，巡行振鸣以引起众人注意。

是以声名洋溢乎中国。

这里的"中国"是什么意思？一是指中央地区，"洋溢乎中国"就是连最高领导都知道了这位至圣的名声；二是指文化发达的中原地区。

施及蛮貊。

根据这句话，我们就知道"中国"在这里是指中原文化发达的地区。所以圣人的"声名洋溢乎中国"，就是在整个文化发达的中原地区，妇孺皆知，有口皆碑，而且外溢到"蛮貊"——南蛮、东夷、北狄、西戎。

舟车所至，人力所通，天之所覆，地之所载，日月所照，霜露所队。

凡是车船能到的地方，人力能通的地方，天所覆盖的地方，地所承载的地方，日月所照临的地方，这个"队"应该是"坠"；"霜露所队"就是霜露所降落的地方，那就说明任何一个环节、任何一个角落没有被遗漏的。

凡有血气者莫不尊亲，故曰，"配天"。

什么是"凡有血气者"？就是指人！而且这句话甚至超出了人的范围，连动物都可能包括。"莫不尊亲"，可不得了，大化天下。"凡有血气者"，莫不尊敬他、亲近他，听到了他的名声以后，都愿意去学习、叩拜。

"故曰，'配天'"，就是至圣、至诚。诚者，天道，当你至诚到一定程度，最后的落脚点是"配天"。"诚"是天道啊，所以当你领悟了天道，那么你就是"天人合一"，所以至圣就可以配天，配天就可以配享太庙。

唯天下至诚，为能经纶天下之大经，立天下之大本，知天地之化育。夫焉有所倚？

这一段又说回来了，就是"至诚"可以成为管理、治理、协调、和谐天下的根本原则，树立天下的根本，掌握天地化育万物的深刻道理。他靠什么做到的？下面三个排比给出了答案。

肫肫其仁！渊渊其渊！浩浩其天！

他的仁心已经到了极致，怎么形容呢？没法形容，就来了这么一个词叫"肫肫"，大家可以去体会那种程度；然后又用"渊渊"形容这个"渊"，就是很深很深；最终来一个"浩浩其天"。

苟不固聪明圣知，达天德者，其孰能知之？

假如不是真的聪明、睿智、圣明，达到了天德的境界，谁能知道呢？这是感叹，就是只有聪明、圣智，达到了天人合一的境界，达到了自然本来本性的那个状态、光明的境界，才能够知道这个"至诚"的状态。

君子之道　暗然而章

这个表述完了之后，是一连串的引用，这种写作方法我们今天没法用，因为老师会嫌你啰唆，中间也没有一个起承转合。但是从古代来讲，它相当于是我们刚才给大家推荐的那个方法：就是这个话，我想表达，但是你表达出来，人微言轻，所以我就得引用经典的表达。

在那个时代，最经典的是《诗》，只有用诗才能够表达出它的精微、广博、优美，以及值得传承的特色和价值。那诗又是古代圣贤为了表述他自己的心性发露出来的语言，所以写在这里，相当于是代他自己来说，这就是高明的地方——我不自己说，而是用古代最好的语言来说。

我们学习古代的经典、诗词，到一定程度，我们也可以做到每表达一个意思，几乎不用自己组织语言，直接用经典的原文去形容，一句话出来，解释完了，而且恰如其分，会特别精练精彩。

《诗》曰："衣锦尚絅。"

这个现象其实很常见的。"衣锦"这个"衣"，应该读成四声，它是个动词，就是穿锦。穿的是非常华贵、华丽的锦绣衣裳，这样的衣裳穿上以后，可能是觉得有点过了，本来人长得就已经光芒四射了，然后再穿这么华美的衣服，这就有点不对了，偏离了中道。所以，他在自己穿的这件锦衣外面又罩了一层麻布的外衣。那个"絅"，它不是华美的，它不是奢侈的，它相当于是相对朴素的衣服。

这是啥意思？直接穿"絅"不就完了吗？大家想一想，直接穿"絅"好不好？可能好，但是他自己的那个身份、地位决定了他得这样穿，因为以前都有礼制规定的。但是入了中道的君子，他不想一味地展示自己一身名牌，所以穿完了锦衣之后，他想温和一下，遮盖一下，所以叫"衣锦尚絅"。

恶其文之著也。

这个"文"是"纹路"的意思，也就是纹锦的意思。就是太过显眼了，太过花哨了，太过华丽了，太过辉煌了，那不太好，遮一下。

故君子之道，暗然而日章；

我们不断地强调置换，因为这是在《中庸》里面提的君子之道，而且我们已经反复论证过了，过也不对，不及也不对，只有中道而行才对，这才是君子应该拿捏的那个恰到好处的火候。所以"君子之道"在这就是指中庸之道、大学之道。

"暗然而日章",真正的君子之道、中庸之道是暗中取胜,在不知不觉当中,每天进步一点,日渐彰显效果,而不是采用一下子嘚瑟出来的那种方法。总之,它要有一定的规范和打法,从而不引起周围人过度的侧目。比如,你在比较偏僻落后的农村,突然开一辆法拉利上街,合适吗?那反过来,你把毛驴车赶到长安街上去,那显然也不合适。

小人之道,的然而日亡。

相反,那些不得君子之道的,甚至品行上有不足的人,他们是怎么做的呢?特别明显,非常暴露,所以天天地在削减、衰弱和消亡。

君子之道,淡而不厌、简而文、温而理。

只要是这种句式,大家就能体会到他说的是中庸之道,"执其两端而用中",既不过分,也不不及。

"君子之道,淡而不厌。""清""淡"这两个字经常一块用,也可以相互替换,比如清而不厌,也行。

"简而文",这个"文"就是修饰的意思。有没有修饰?有,但是遵循大道至简的原则。比如女子化妆,有的人化得特别浓艳,像是戴了一个面具;而有些人呢,淡扫蛾眉,就简单的一个淡妆,大家就觉得很好。"清水出芙蓉,天然去雕饰",让人感觉到很自然,也是一种美。

"温而理"是怎么回事呢?"温"是不是有失理性判断?好像这人不那么冷峻,不那么果断,好像很好说话,但其实他是有理性、有原则,就像那个铜钱,外圆内方,既有灵活性,又有原则性。

知远之近,知风之自,知微之显。

他懂得远从近开始的道理,他知道风气的源头在哪儿,他懂得微小的事物一定会显露的道理。现在这个句式和前面那个句式相比，虽然有点变化，但是这三句话同样说的是中庸之道。《道德经》里面说"搏之不得名曰微"，本来那个"微"一般人是见不着、摸不到的，可是他知道，这人是不是很高明？

可与入德矣。

什么叫入德？就是入道，入性，明心见性，入了中道。

内省不疚　无恶于志

《诗》云："潜虽伏矣，亦孔之昭。"

虽然有潜伏，虽然有伏藏，但是也显露昭明，比较清晰，比较显著的发露。

故君子内省不疚，无恶于志。

这个君子在内省的时候，没有愧疚的地方——这就是圆满喽！你在晚上内省的时候，哎呀！真是觉得这一天很满足，没有缺憾，那就可以安然入睡。"不疚"，也就是没缺陷，没缺陷的话就没有毛病。

"无恶于志"，就是没有邪恶的念头存在于心志之中。为什么有人主张"无恶于志"呢？什么是志？《黄帝内经》中讲："所以任物者谓之心，心有所忆谓之意，意之所存谓之志。"你在你的心空里面、心田之内、心地之上有没有一个让人讨厌的东西，有没有一个阴暗的东西、邪淫的东西、见不得人的东西？没有，那就是圆觉，光明一片，身体就会健康。

君子之所不可及者，其唯人之所不见乎！

这又是感叹了。你看人家内省，就没有惭愧的地方，心田之上也没有负面的东西，这就是别人不及他的地方。因为那些人，尽管他不内省、不内观、不内查、不自我批评，他内心当中有没有遮盖？有没有阴暗？有没有肮脏的地方？有啊，就是因为有这些东西，心地上才不光明磊落，你才不及这些君子。人家是正大光明的，晚上坐在那是一团光明，所以你比不上。那你为什么比不上人家？"其唯人之所不见乎"，你看这个语气——不就是在别人看不见的地方，人家照样做得光明磊落吗？

相在尔室　不愧屋漏

《诗》云："相在尔室，尚不愧于屋漏。"

"屋漏"不是说房子漏了，它是指屋中西北角那个安放牌位的地方，这里代表的是家中的先祖。所以"不愧于屋漏"，就是不愧对祖先的意思。这句话写成了诗，就变成了这个样子。我们中国文化有些时候强调"闻弦音而知雅意"，就是那个话说得很委婉。古代人描写感情，绝不会像当代人写出的那个歌词一样直白，它讲究的是赋、比、兴，讲究的是意象——在大自然中选取一个美好的物象来象征。

比如说他对一个女孩有好感，他才不会那么丢人地说"我对你爱，爱，爱不完"，他直接上来讲，"我给你弹奏一曲《彩云追月》吧！"那这姑娘一听，你给我弹这首曲子是啥意思啊？她就明白了。所以中国的文化，叫暗通款曲，你这个声音和旋律一出来，对方就明白了。这相当于是孟子教学生，老师刚一讲，他就通了，像多米诺骨牌一样，刚开了个头，他把后面的全给你接上了。你说这老师摊上这样的弟子，都乐开花了——那不用再费劲了，以后传承的任务你们去做吧。

"相在尔室"，这个"相"意为"看"，就是看一下你那个房屋，在你一个人独居的时候，是否能够"尚不愧于屋漏"，就是无愧于自己的祖先。这句话和"君子戒慎乎其所不睹"是相对应的，强调的也是君子慎独，无愧于先祖神灵。

故君子不动而敬，不言而信。

翻译佛家经典，我们这个身体叫"王舍城"，如果把身体比作一座城池的话，那谁做君主呢？《管子》上说，"心之在体，君之位也"。

身、心之间的关系，谁听谁的？你那颗心如果被你的原始欲望所控制，那你就完蛋了——你做不了主，就是一个衣冠禽兽，顺着自己原始的动物的欲望，把你那颗人心牵走了，因为使人快活的东西都是接近于原始欲望的。只有超脱了这些，才能获得更美妙的感受，所以要经过熬的过程，把那些杂质熬出去，才会有高级的生命体验。自己一个人在屋里面，充满着光明，充满着追求，所以"无愧于屋漏"，无愧于祖先之德。

"不动而敬，不言而信"，他不必动，就会受到别人的尊敬；他不用说，别人也就相信他。怎么造成的？品德造成的，修为造成的。

奏假无言　时靡有争

《诗》曰："奏假无言，时靡有争。"

"奏假"就是我们起心动念、思想的时候；言语这个"言"代表妄想、杂念。"奏假无言"就是内心没有一点分别妄念。"时靡有争"，随时随地这个心念都是清净的、光明磊落的，没有纷争，没有矛盾。

是故君子不赏而民劝，不怒而民威于鈇钺。

君子不用去奖赏，单靠自己的德行，人民就被劝化了，就会成为有道德追求的公民、良民，就已经成为一个有志于君子的人，这叫"不赏而民劝"。"鈇"是一个铡刀，据说是行刑用的，就是腰斩，这是酷刑。"钺"是斧头，是用来砍头的那种大斧子，显然也代表着残酷的刑罚。什么人会受这种刑罚呢？就是犯了严重罪行的人。他凭借君子的德行，不需要费那么大劲，就会达到"民劝"和"民威于鈇钺"的效果。

君子笃恭　以平天下

《诗》曰："不显惟德，百辟其刑之。"

这个"不显"还是要读成"丕显"，就是盛大显露的意思。这个"惟"，注释说它是语气助词，无实义。但我通常把它理解成"惟一"，意为能够丕显的只有"德"。一旦德行发露出来、彰显出来，天下都会率服模仿。

这个"百辟"是指古代天子下面的诸侯百官。因为这个诗歌颂的是周朝的祖先，那么周代的这些区域领导人都会以他为榜样。所谓"刑之"，就是以他为典型，效仿他。我们说人的心就像水一样，你怎么塑造都可以，那按圣贤来塑造不是更好吗？这就叫"百辟其刑之"。

"为政以德，譬如北辰，居其所而众星共之。"这是《论语》里面《为政·第二》开篇孔子讲的第一句话，说的是不是这句诗的意思？如果当天子的"不显惟德"，就是有深厚的德行，那么天下人就会从之，也就是说，你底下帮你打理朝政的这些大臣会以你为榜样，跟着你去做。所以在上不骄，在下就不悖，它是一对；君仁，臣就忠；父慈，子就孝；夫正，妇就洁；那朋友之间也是，你够意思，我也够意思；那兄弟之间，兄友则弟恭，它都是成对来的。

是故君子笃恭而天下平。

"君子笃恭"，就是竭尽一切潜力践行恭敬，他做到这一点，那就是"修之于身，其德乃真；修之于乡，其德乃丰；修之于邦，其德乃长；修之于天下，其德乃普"①啊！所以这个君子能够大修德行，最终感得天下平。他的老师论证的是修身、齐家、治国、平天下，所以他也把"平天下"这个词拿过来用一下。

化民之本　德道服人

《诗》云："予怀明德，不大声以色。"

我怀抱明德，这相当于什么？公开发露啊！这要不是大圣人，谁敢这么说？"予怀明德"，"明德"是本性、清净的天性，含容天道、天德，仁、义、礼、智、信，万德俱备为"明德"，这句话相当于王阳明所说的"吾心光明"，就是心内圆觉，毫无阴暗杂质。

后面强调的是什么呢？"不大声以色"，这个人明天道，正本性之后，他从来不厉声对人，而是柔声对人，不色难。

---

① 出自《道德经》第五十四章。

子曰："声色之于以化民，末也。"

这是老夫子的判断，就是你用声色这种手段去教化臣民是末流之法，显然不是根本大法。那根本大法是什么？德，道，用道德感召。所以"予怀明德，不大声以色"和孔子说的"声色以化民，末也"，这两句话是不是说的一个意思？这就是他为什么引用这句诗，又为什么把孔子说的这句话放在这个地方。你明白孔子这句话了，这句诗你也就明白了；你明白这句诗了，孔子说的意思你也知道了。

《诗》曰："德輶如毛。毛犹有伦。"

一根毛发微乎其微，对于天下来讲，简直是可以忽略不计。但是呢，德行普化之下，连像毛这么细小的地方都能够润化得到，没有遗漏的。"毛犹有伦"，就是毫毛也有规矩伦理。《易经》里面的一个叙述，"德普施也"，没有遗漏的地方。

"上之载，无声无臭。"至矣！

这个"载"应该是栽培的"栽"，这句话是说，上天栽培事物，是无声无息的，你看不到形色，看不到手段，看不到方法，但是它能够成就你，这叫天然而成、无为而成。德行到了这样的地步，可谓"至矣"，就是达到了最高的境界。这个德行就是《道德经》里面说的那个"玄德"——"生而不有，为而不恃，长而不宰"。

这篇文章写得洋洋洒洒，旁征博引，以古论今，动人心魄，动人心弦，最终给我们一个圆满的阐释，这就是我们儒家"四书"之一的《中庸》。

所谓的中庸之道，其实就是天地之道、大学之道、阴阳之道，也是我们梦寐以求的、现在人生正在践行的君子之道。

希望我们每一位同学，回到自己的岗位、家庭、本位上认真地践行落实。希望我们这一生心地纯净、身体健康、家庭和谐、事业发展、一生幸福、一生圆满，最终都能够无缺无憾！

　　谢谢大家！

里仁为美源中通

——《中庸通解》后记

　　《中庸通解》是继《论语通解》和《大学通解》之后，"钟永圣国学大讲堂"中华优秀传统文化经典解读系列对儒家经典"四书"的第三本解释，但这并不意味着对"四书"进行通解的工作已经过半。因为《孟子》文字规模相对而言非常庞大，单从文字工作量上看，大头还在后面。

　　不过从以往学习儒家经典的同仁的反馈当中了解到，大家普遍感觉理解《中庸》似乎是学习"四书"内容最困难的部分。因而从境界上讲，解读完《中庸》至少可以说学习"四书""思过半矣"。

　　中华优秀传统文化是知行合一的文化，中华经典因而也是自身能够"行到"就会自然"知道"的文化表达。如果按照现代某些知行分离的专业知识和概念，拘泥于文字体系、学科体系和话语体系而没有真实的生命体证，多半是"一道白云横谷口，几多飞鸟迷归途"，难免依文臆测，不得真实要领。

　　《中庸》行文当中大量引用孔子的教诲，所以若要深入且准确地理解《中庸》，应该首先全面、深入且准确地理解孔子的思想。孔子作为至圣先师，其明确推崇的经典中就有《易经》。大家知道，孔子说过，"天加我数年，五十以学易，此生无大过矣"。所以，如果听从孔子的教化，吸取孔子的人生智慧、经验和教训，后世学者应该尽可能早地学习《易经》，以实现人生无大过的目标。

孔子学说的核心内容之一，就是关于"仁"的观念。在《论语》中，第四篇开篇的第一句话，具有"中心思想"的地位："里仁为美。择不处仁，焉得知？"这句话的本意，应该源出于我们反复给大家说明的《易经·坤卦·文言》中那段表达："君子黄中通理，正位居体，美在其中，畅于四支，发于事业，美之至也。"当然《易经》是整个中华优秀传统文化的基本经典，它不单单是儒家经典，同时也是道家、兵家和医家等各家的经典。很自然地，"里仁为美"这句话还有不为一些儒家学者所知的"道家解释"或者"医家解释"。

远古培育黍米的华夏祖先就知道，种子是生长发育的源泉，而打开种子，其"仁"中空，所以这"里仁"中空虚无却能结出果实的神奇力量，显示了"道"的存在。

吕洞宾祖师说过："一粒黍中藏世界，半升铛内煮山川。"黍的种子如此，人的生长也类似。人在胞胎内孕育之初，其初生组织与母相连，"渐推渐开，中空如管"，随母呼吸，通天地之气，进而通太虚之气。此时，窍窍相通，胎儿得母体之滋，亦得天地祖气之养。等到数足，剪断脐带，裂胞而出，"啊"的一声，一点元阳落于脐轮之后，叫作"天心一窍"或者"虚灵一点"。但从此后天用事，不得先天祖气补济，生命呼吸处于人天分离的状态。

人生此窍初凝，最先生成的器官就是两肾，其次生心。"其肾如藕，其心若莲，中间中通外直。心肾相去八寸四分，中余一寸二分，谓之'腔子里'，正是心肾往来之路，水火既济之乡。"庄子所说的"至人之息"，就是世人肯回心向道者，不管行住坐卧，常操此心藏于夹脊之窍，随其呼吸以天地无涯之元气续我有限之身躯，这种回复先天的状态叫作"君子时中"和"里仁为美"。正如老子在《道德经》中所言："多言数穷，不如守中"，守的就是这个"中窍"；又言"常无欲以观其妙，常有欲以观其窍"，观的也是这个可以连接祖气的"空窍"。

大家日常所见的《道德经》版本第一章这一句多为"常有欲以观其徼"，此处采用吕洞宾祖师注解《道德经》的版本用"窍"字，更符合身体构造和天人气息能量沟通的实际情况，对《道德经》的解释也可以贯彻落实到身体生命当中，而不必依文解意、生拉硬拽、牵强附会、以讹传讹。

当然依照"徼"字解释为"边界"也不是没有道理。此人身之"中"，也是"天地之中"。既然有"中"，那是不是得有个"边界"啊？深究此"徼"，最终可以得出类似结论：此"中"即是"一"，即是"理"，即是"体"，即是"空"，即是"大通"，即是"虚极"；既是"太极"，也是"无极"；既是"里仁"，也是"圆觉"；既是"天心"，也是"祖窍"；既是"乾元"，也是"坎离立极"。

所有具有天人合一境界的中华经典，都并非是圣贤们编排出来的伦理词汇与道德概念，而是真实生命境界的语言呈现。所谓文明传承，就是我们通过经典文字返回到他们曾经达到过的生命状态，并使世间依此"文明"；所谓文化传承，就是我们印证过这些生命状态后再把这些经典文献与时偕行地解释一遍，使人们因为理解而被"文"意所"化"。

在日常生活当中，我们仍然能够听到把中庸之道当成"和稀泥""温吞水"或者"骑墙"的代名词，而根本没有窥探到哪怕一点点儿人类真实生命的真实意蕴。

克己复礼、天下归仁就是"中"，治道之要、贵在不扰就是"中"，食饮有节、起居有常就是"中"，精神内守、恬淡虚无就是"中"，取财适度、量入为出就是"中"，安分守己、为民服务就是"中"。

如果本书的出版，能够帮助读者在今后的生活中乐在其中、美在其中、允执其中，则我们中华优秀传统文化学习小组的全体同仁将不胜欣喜！

非常感谢新华出版社各位同仁精准、高效和细致的工作，使得本书能够如此精美地呈献给读者朋友们！

本书最初文字由于劲松先生和罗秋女士听写完成，然后由我的中国传统经济学方向研究生佟亮按照出版体例整理为初稿，再由我们中华优秀传统文化大连学习小组的王玉红教授、魏松先生，以及北京学习小组的欣缘、冷秋和张朝晖三位同仁，共同完成对书稿的多重审校。对他们真诚、严谨和高度负责的精神，感谢之情难以言表！

学无止境。如果读者朋友对本书内容有任何赐教意见，都可以发电子邮件至kuangbozhong@pku.org.cn.

钟永圣

甲辰年八月十八日于清华大学甲所初稿

十月十九日中国善财书院九绿金顶轩定稿